# DUMONT
## DIREKT

# Irland

Bernd Biege

# Inhalt

# Das Beste zu Beginn

**Nachmittagstee zum Verlieben**
Man kann diese britisch-irische Marotte an vielen Orten ausleben, aber das beste dreistöckige Teegedeck zum guten Preis serviert Ruby Ellen's in Carlingford auf bunt zusammengewürfeltem Service. Der Beweis? Mein Bauchumfang …

**Geduldsspiel am Flughafen**
Dublins Airport wurde 2007–2010 aufwendig aufgemöbelt, aber das äußere Hui birgt immer noch einige innere Pfuis. Passagierkontrollen mit langen Verzögerungen, noch längere Wege zum Flugsteig … Generell gilt hier eine einfache Regel: sehr früh kommen und lange Wartezeiten einplanen.

**Individuell bei hohen Herrschaften zu Gast**
Wenn Sie das Außergewöhnliche suchen, sollten Sie sich bei Hidden Ireland umsehen (www.hiddenireland.com): Dort finden Sie B & B-Angebote in den feinsten Herrenhäusern. Wenn Sie dann spätabends mit einem begüterten Landbewohner beseelt vom Wein über das Für und Wider von Fuchsjagden diskutieren, schlägt das jeden All-Inclusive-Trip. Und der Wein ist auch besser.

**Der Film zum Land**
Sie haben jetzt schon Fernweh und wollen sich auf Irland einstimmen? Dann graben Sie mal in Ihrer Disney-Filmkiste: »Das Geheimnis der verwunschenen Höhle« (Originaltitel: »Darby O'Gill and the Little People«) bietet Bilderbuch-Irland und einen singenden 007. Ich grinse beim Anschauen immer wie ein irisches Honigkuchenpferd …

**Immer wieder hin**
Mein Lieblingsmuseum in Irland? Die Chester Beatty Library in Dublin. Sie ist ein Hort der Buchkunst und der interessanten Kleinigkeiten drumherum. Jeder Besuch ist ein meditatives Erlebnis – und zum krönenden Abschluss ins perfekte Silk Road Café im Erdgeschoss.

**Kartenkunde für Abenteuerlustige**
Mein bester Entdeckertipp für Irland? Nicht durchrasen, sondern auch mal kleine Ecken und Winkel genau erkunden. Auf jeder Karte in der Discovery Series (1:50.000) von Ordnance Survey Ireland (www.osi.ie) finden Sie mehr Rundforts, Steinkreise und heilige Quellen, als der dickste Reiseführer Ihnen bieten kann.

---

**So funktioniert Lachen auf Irisch**
Mein erster Livekontakt mit dem furztrockenen Galgenhumor der Iren: Nach etwa 50 schlaflosen Stunden in Rosslare angekommen, stolperte ich im Dauerregen von der Fähre zum abfahrbereiten ›Boat Train‹ nach Dublin. Letzte Etappe, Zeit zum Durchatmen. Denkste: Der Zug der Córas Iompair Éireann (die irische Bahn CIÉ) bewegte sich nicht vom Fleck. Personal war auch keines zu sehen. Ich fragte eine gelangweilte Frau, ob sie wisse … Ja, meinte sie, der Streik. Na toll. Ihr Sprössling erkundigte sich, ob ich ein Tourist sei. Ertappt. Daraufhin bohrte er, ob ich denn wisse, wofür CIÉ stünde. Beseelt vom Glauben an mein Irisch, sprach ich den Firmennamen aus. Der Junge schüttelte den Kopf: »Nah, it stands for Cycling is Easier!« Die Mutter guckte pikiert, ich prustete vor Lachen. Und dann fuhr der Zug los.

---

»Gefällt es Ihnen denn in Irland?« Ernsthaft? Klar gefällt einem nicht alles, aber man wurschtelt sich, wie überall auf der Welt, so durch. Ich mag es hier, mit allen Ecken und Kanten, selbst mit dem leichten Hauch von Vetternwirtschaft überall. Nur bei Verhandlungen mit Behörden und halbstaatlichen Dienstleistern erkennt man mich am Furor Teutonicus.

## Fragen? Erfahrungen? Ideen?
Ich freue mich auf Post.

*Mein Postfach bei DuMont:*
*b.biege@dumontreise.de*

# Das ist Irland

Irland ist grün, traditionsbewusst, altmodisch, gemütlich und katholisch. Die Klischees über die Insel am Westrand Europas kann man wirklich an einer Hand abzählen. Sie sind zwar alle wahr – aber da ist noch die andere Hand. An der kann man die Kontraste abzählen: kunterbunt, innovativ, modern, aufregend, multikulturell. Und zusammen wird die ganze Insel draus. Denn Irland hat so viel mehr zu bieten als das Bild, das veraltete Tagebücher und innige Liebeserklärungen vermitteln möchten. Das wahre Irland? Das müssen Sie schon selber erfahren.

## Abseits der ausgetretenen Wege

›Erfahren‹ müssen Sie Irland tatsächlich. Im Sinne von ›ins Auto steigen und herumkurven‹. Das klingt wenig romantisch, ist aber notwendig: Dank der Verkehrspolitik der vergangenen Jahrzehnte ist der eigene fahrbare Untersatz so gut wie Pflicht, wenn Sie sich nicht an den wenigen Bahnstrecken entlanghangeln oder gar einem kaum koordinierten Busnetz aussetzen wollen. ›Herumkurven‹ ist auch wörtlich zu verstehen, denn abseits der Autobahnen sind irische Straßen … ›herausfordernd‹. Aufgrund von Treckern, Schafen und eigenwilliger Ausschilderung ist das Durchschnittstempo auf maximal 60 km/h entschleunigt. Wenn Sie Ihre Reiseplanung mit diesen Informationen an die irische Realität angepasst haben, bietet Ihnen die Insel Entdeckungen und sogar Abenteuer. Die entlegenen Orte, die Ihnen die Werbung suggeriert, gibt es nämlich wirklich noch. Sie sind nicht geschickt durch die Kameraperspektive erzeugt, sondern liegen ganz real am Ende unscheinbarer Landstraßen verborgen.

## Es menschelt – nach irischer Fasson

Auf diesen Landstraßen begegnen Sie auch einer Eigenart des Landlebens: Jedes entgegenkommende Fahrzeug wird gegrüßt. Nach ein, zwei Tagen zuckt auch Ihr Finger automatisch am Lenkrad nach oben, bald fügt sich ein wissendes Nicken hinzu. Sie wundern sich auch nicht mehr, dass Sie in jedem Laden nach Ihrem Wohlbefinden befragt werden: ›How are you?‹ heißt einfach nur: ›Guten Tag!‹. Ein bisschen irisch fühlen Sie sich spätestens dann, wenn Sie im Pub von Wildfremden auf eine Runde eigeladen werden – für die Sie sich, so die Etikette, umgehend revanchieren sollten.

## Fremde sind Freunde, die man noch nicht kennengelernt hat

Das Sprichwort hat schon etwas Wahres. Kaum sonstwo auf der Welt werden Sie so schnell in die Diskussion am Tresen verwickelt oder gibt im B & B die Wirtin unvermittelt die halbe Familiengeschichte preis. Denn in allen vier Provinzen und selbst in Dublin sind die Iren einfach nur Menschen. Kein Volksstamm der besonders Gastfreundlichen, sondern eine an bewährten Ritualen und Höflichkeitsformen festhaltende Gesellschaft. Genau das macht Irland zum Land der 100 000 Willkommen, wie es so schön heißt: ›Céad Mille Fáilte!‹ Als Reisende fühlen Sie sich nicht nur willkommen, sondern sind es auch auf viele Weise.

*Session im Pub? Nix wie rein!*

## Tief verwurzelt

Familiengeschichte ist in Irland fast immer die ganz große Geschichte, denn im Inneren sind die meisten Iren traditionsbewusst. Man weiß noch genau, wer auf welcher Seite im Bürgerkrieg stand, wie viele Cousins während der Hungersnot auswanderten, wer für welchen König am Boyne kämpfte. Wobei sich am Boyne zwei englische Könige die Köpfe einschlugen und irische Probleme zunächst kein großes Thema waren. Wurden es aber – denn die Teilung der Insel in Arm und Reich, in Katholiken und Protestanten, in Republik und Nordirland zieht sich wie ein orange-grüner Faden durch die Geschichte bis in die heutige politische Realität.

## Willkommen in der Zukunft

Realität ist aber auch, dass die Republik Irland als erster Staat der Welt 2015 die gleichgeschlechtliche Ehe per Plebiszit legalisierte. Wobei Scheidung erst seit 1996, eine Abtreibung sogar erst seit 2019 möglich ist. Zum neuen Irland gehören zudem die massiven Ansiedlungen multinationaler Konzerne, der hohe Anteil (mehr als 13 %) nicht-irischer Staatsbürger an der Gesellschaft (allen voran Polen), das kaum nachhaltige Konsumverhalten, der kometenhafte Abstieg des Einflusses der katholischen Kirche und eine bunte Gesellschaft, in der jeder nach seiner Fasson selig werden kann. Naja, fast jeder: irisch-typisch hat man erst 2009 wieder festgelegt, dass Blasphemie strafbar ist.

## Und was fehlt?

So manches Irlandklischee darf dankenswerterweise endgültig über Bord geworfen werden. Allen voran der Ruf des unterdrückten Landes, in dessen Nordosten noch immer die Waffen sprechen. Diese Zeiten sind gottlob vorbei – und Sie dürfen ruhig zum Stadtbummel in Belfast aufbrechen.

# Irland in Zahlen

**−3**
Meter ist die tiefste Landstelle in Irland: North Slob im County Wexford.

**7**
Mal hat Irland als erfolgreichstes Teilnehmerland den Eurovision Song Contest gewonnen.

**10,93**
Liter reinen Alkohol trinkt der Ire pro Jahr, oder 445 Pints Beer.

**11**
Nobelpreise gingen nach Irland, davon jeweils vier für Frieden und für Literatur.

**22**
Zeichen umfasst der längste irische Ortsname: Muckanaghederdauhaulia.

**78**
Prozent der Iren in der Republik sind katholisch, in Nordirland rund 40 Prozent.

**239**
Inseln schmiegen sich an die irische Küste, rund 60 davon sind bewohnt.

**360,5**
Kilometer fließt der längste Fluss Shannon durch insgesamt elf Counties.

**485**
Gramm wiegt der Ball maximal, der beim ›Gaelic Football‹ zum Einsatz kommt.

**70 000**

Einwohner sind irische Mutter-
sprachler, rund 1,6 Millionen
beherrschen Irisch als Zweit-
sprache und sprechen im Alltag
(wie der Rest) Englisch.

**84 421**

Quadratkilometer festen irischen Boden kann man unter
den Füssen haben; etwas weniger als ein Viertel der Fläche
Deutschlands.

**499**

Kilometer ist die innerirische
Grenze lang.

**568,2**

Milliliter enthält ein Pint Bier
in Irland.

**2 390 000**

Einwohner leben in den Metro-
polregionen Belfast und Dublin,
fast 38 % der gesamten Bevöl-
kerung.

**1038**

Meter ist der Carrauntoohil
hoch, Irlands höchster Berg.

**35 000 000**

US-Bürger sehen sich selbst als
irischstämmig.

**5200**

Jahre hat das Grab von New-
grange in etwa auf dem
Grasbuckel, also 1000 mehr als
Stonehenge.

**10**
Prozent der Iren sind von
Natur aus rothaarig, von
den Deutschen nur
2 Prozent.

# So schmeckt Irland

Irland als Ziel einer Gourmetreise? So sinnvoll wie eine Weinprobe in Saudi-Arabien und nur für lebensmüde Abenteurer zu empfehlen? Quatsch! Noch so ein Klischee, mit dem wir aufräumen müssen. Denn die Iren können kochen und brauchen längst keine importierten Küchenmeister mehr, um Gourmetsterne zu bekommen. Sogar das irische Alltagsessen kann sich sehen lassen.

## Morgenstund hat Toast im Mund

Auch wenn der Reisende oft mit dem *Full Irish Breakfast,* einer Art Schlachtplatte mit Bohnen, an den Rand der Herzkranzverfettung gebracht wird: Die meisten Iren gönnen es sich nur am Wochenende. Unter der Woche geht es schnell – eine Tasse Tee, Cornflakes mit Milch, Toast mit Orangenmarmelade.

## Mittagsschnappchen-Häppchen

Das Mittagessen ist längst nicht mehr die Hauptmahlzeit in Irland: Man greift zum Sandwich oder zur Suppe, irgendwas Leichtes jedenfalls. Denn die Pausen sind meistens kurz, zum ausgiebigen Speisen bleibt wenig Zeit. Deshalb locken viele Restaurants und Pubs mit preisgünstigen Tageskarten (zwischen ca. 12 und 14 Uhr). ein Segen für Sie als Besucher ohne Stress, aber mit großem Hunger.

## Abends mit allem Drum und Dran

Zu später Stunde hauen die Iren dann richtig rein, entweder daheim oder im Restaurant (die Preise werden am späteren Abend oft höher). *Early Bird Menus* schonen bis etwa 19 Uhr den Geldbeutel. Richtig traditionell allerdings sind die wenigsten Speisepläne, in Dublin etwa kann man im Potpourri der fremden Küchen die irischen Spezialitäten mit der Lupe suchen. Gut, Schweineohren mit Kartoffelbrei und Kohl sind wenig publikumsfreundlich;

### IRISCHE KÜCHE FÜR ANFÄNGER: CHAMP

Champ ist nahrhaft und leicht zubereitet. Man braucht nur 1 kg Kartoffeln, gnadenlos weichgekocht, eine Handvoll Frühlingszwiebeln, kleingehackt. Alles mit einer guten Tasse Milch, etwas Salz und Pfeffer, und einem dicken Stück Butter in einen Topf, gut zerstampfen. Fertig. Dazu passen prima gegrillte Würstchen: Ein Gericht für echte ›Champions‹.

und immer nur *Fish & Chips* hält man auch nicht ewig durch.

### Pub Grub: auf irischen Tellern

Eine Alternative tagsüber und bis etwa 21 Uhr ist das Essen im Pub. Nicht unbedingt immer eine kulinarische Epiphanie, aber eine zuverlässige Grundlage für die folgenden Guinness (dachten Sie etwa, Sie kämen mit nur einem davon?). Hier werden die Klassiker serviert, etwa *Bacon and Cabbage,* Schweineschinken und Weißkohl, oder Roast Beef mit Mischgemüse und den obligatorischen Kartoffeln. Oder ein Irish Stew, ebenfalls mit Erdäpfeln.

### Für den großen Durst

Natürlich ein **Guinness** … oder ein anderes Bier, etwa das süffige, rötliche **Smithwicks** (spricht man etwa ›Smiffix‹ aus), oder eines der zahlreichen Craft Beers aus kleinen Brauereien.
**Wein** kann man in Irland getrost im Keller lassen, Rebsaft aus eigener Herstellung ist äußerst selten, Importe sind überteuert. Greifen Sie als Genießer daher ruhig zum **Irish Whiskey;** bitte ohne Eis und schon gar nicht mit irgendetwas verdünnt.

### Trinkgeld

Iren trinken viel, sagt man. Dafür brauchen sie viel Geld, sollte man meinen. Aber ausgerechnet beim *Trink*geld sind sie stur. Wollen es nicht, zieren sie sich zumindest. Hier die goldene Regel: Am Tresen im Pub wird keines erwartet, im Restaurant mit Bedienung auch nicht, wenn es heißt: *Service Charge Included* oder wenn frech satte 15 % auf die Rechnung raufgedonnert werden. Das entscheidet der Wirt und muss es auf der Speisekarte deutlich ausweisen. Ist nichts ausgewiesen, obliegt ein Obolus für die Bedienung dem Gutdünken des Gastes: in der Regel 10 %.

### Organic und locally sourced

Die Iren sind zu Recht stolz auf ihre erstklassig frischen Produkte wie Räucherlachs, Weidelamm, Fische und Schalentiere. Probieren Sie unbedingt

---

### IN DIE VOLLEN

Was ist eigentlich ein *Full Irish Breakfast?* Oft zu viel … Denn in der Standardversion bekommen Sie gebratenen Schinken, Spiegelei, Würstchen, gebackene Bohnen, Pudding (eine Art Grützwurst, schwarz mit viel Blut), Pilze, grillte Tomaten und Röstbrot serviert, manchmal auch noch gebratenes Kartoffelbrot dazu. Im Norden ist diese Kalorienbombencombo auch als *Ulster Fry* bekannt. Serviert wird das mit Toast, Marmelade, Cornflakes und reichlich Tee.

---

die alten Kartoffelsorten, das hausgebackene *Brown Bread* oder traditionell hergestellten Bauernhofkäse. Einen modernen Touch bekommt die irische Küche dank *Fusion Cooking* oder *Crossover*: Traditionell irische Zutaten werden mit Komponenten fernöstlicher und mediterraner Provenienz kombiniert. Bioprodukte *(organic)* und regionale Erzeugnisse *(locally sourced)* fehlen auf keinem Farmer- oder Wochenmarkt. Sie werden den Unterschied schmecken!

**PREISE**

Unsere Preiskategorien fürs Essen pro Person mit Getränk.
**€** bis 16 Euro
**€€** 16 bis 27 Euro
**€€€** über 27 Euro

# Ihr Irland-Kompass

**#2**
Dublins kleine Idylle am Meer – **Howth**

**#3**
Lightshow im Ganggrab – **Newgrange**

LICHT INS DUNKEL, wenn's klappt

LUFT HOLEN AM GROSSSTADTRAND

**#1**
Weltoffene Protestanten – **Trinity College Dublin**

SPHÄRE in einer SPHÄRE

WOMIT FANGE ICH AN?

1  2  3

15  14  13  12

EISKALT ERWISCHT

**#15**
Das Museum des Untergangs – **Titanic Belfast**

LEGENDEN + LED ZEPPELIN

**#14**
Nach Schottland, kürzester Weg – **Giant's Causeway**

11 SEKUNDEN BIS ZUR LANDUNG

Irlands **VERSCHROBENER** und oft **UNVERSTÄNDLICHER** Nationaldichter

**#13**
Hoch über dem blaugrauen Meer – **Slieve League**

**#12**
Das Grab des bekannten Dichters – **Yeats in Drumcliff**

**#4**

Das Kloster an der Kreuzung – **Clonmacnoise**

**#5**

Ein Tal, zwei Seen, tausend Eindrücke – **Glendalough**

DAMALS WAR ALLES ANDERS

Groupies nicht erwünscht

Hochkreuze waren nicht immer grau

**#6**

Jahrtausende zu Fuß – **Irish National Heritage Park**

*Da lacht die Königin*

**#7**

Gemüse kaufen mit Stil – **Corks English Market**

HIER KANN ES **ABENTEUERL!CH** WERDEN

**#8**

Irlands traditionelle Seefahrt – **Lakes of Killarney**

Machnamh Seanmhná?

SCRIPTED REALITY

**#9**

Schriftsteller am Rand der Welt – **Blasket Islands**

HAU DRAUF!

**#11**

Im irischen Rhythmus – **Malachy in Roundstone**

**#10**

Land der modernen Legenden – **Aran Islands**

# Dublin und der Osten

»Ireland's Ancient East« heißt die Tourismus-
initiative. Man will den Reisenden die Region wohl
wieder schmackhaft machen. Für mich war das
eigentlich nicht dringend nötig. Denn Dublin und die
weitere Umgebung sind verkehrstechnisch bestens
erschlossen und hatten schon immer viel zu bieten.
Viel mehr jedenfalls als nur olle Kamellen, wie vor
allem die quicklebendige, multikulturelle Hauptstadt selbst beweist.

# Dublin 🗺 G 5–6

**Die meisten Flieger kommen in Dublin an, so wird dann die Hauptstadt der Republik Irland oft die erste und letzte Station der Reise. Für manche Besucher bedeutet das Frust statt Lust: Ihnen zufolge ist die Mini-Metropole an der Liffey ja nicht das wahre, hehre Irland.**

Gut, diese Karawane darf man gerne ohne Abschiedstränen ziehen lassen. Umso mehr Platz ist für Sie, um diese lebendige, gleichzeitig moderne wie altmodische, multikulturell angehauchte und doch typisch irische, dörflich wirkende und trotzdem große Stadt kennenzulernen. Also: Scheuklappen ab und rein ins Getümmel.

## DAS BIER ZUR STADT

Wenn Sie allerdings am klassischen Touristentrail wie an einer Ameisenstraße kleben bleiben, bestätigen sich die Vorurteile über Dublin eher. Dabei hat die Stadt so viel mehr zu bieten als nur Guinness-Bier und Temple Bar. Viel mehr. Dennoch: Ganz ohne Guinness geht es nicht. Sie werden der Braudynastie allerorten begegnen, etwa als großzügige Spender von der **St. Patrick's Cathedral 1** bis zum **St. Stephen's Green 2**. Die Biermarke dazu finden Sie ohnehin in jedem Pub und in der Auslage jedes Souvenirgeschäftes.

**Pflicht und Kür**
Wenn Sie also die Guinness-Pflicht hinter sich bringen wollen, steuern Sie schnurstracks auf Irlands meistbesuchte Touristenattraktion zu: das **Guinness Storehouse 3** (St. James's Gate, T 01 408 48 00, www.guinness-storehouse.com, tgl. 10–17, Juli/Aug. u. WE länger, Erw. ab 22 €). Das Atrium dieses Tempels des schwarzen Bieres sieht aus wie ein gigantisches Pint-Glas. Viel gerühmt ist hier das ›kostenlose‹ Guinness.

Trotz metrischem System und EU-Regelungen, das Pint ist den Iren heilig. Bier und Cider werden nach wie vor in diesem Maß ausgeschenkt, der Mitteleuropäer kann dann etwas mehr als ›eine Halbe‹ genießen. Genau 568,2 ml, je nach Schankkunst und Gedrängel etwas mehr oder weniger.

Wer das nach einem Eintrittsgeld von über 20 € ernsthaft noch so sieht, hat bestimmt nicht nur eins getrunken. Doch auch nüchtern betrachtet lohnt sich der Besuch. Denn die multimediale und nur manchmal museale Präsentation von Firmengeschichte und Braukunst ist ein Heidenspaß: radelnde Fische und echte Lokomotiven inklusive. Das Pint als krönender Abschluss der Tour in der **Gravity Bar** wird mit einem der besten Ausblicke über Dublin überhaupt serviert. ›Kostenlos‹, aber nicht umsonst. Die Guinness-Kür ist dagegen ein Kneipenbummel durch Dublin, den Sie gerne thematisch gestalten können, denn geführte Pubtouren gibt es in Hülle und Fülle. Na dann: *Sláinte!*

*Am Paddy's Day wird es verrückt.*

## BUNTE EINKAUFSWELTEN

### Waren aus aller Welt

Dublins Vorzeigelösung in Sachen Multikulti finden Sie täglich außer sonntags auf dem **Moore Street Market** 🅰. In der Mitte der Straße ist der alteingesessene Markt mit seinen scharfzüngigen Verkaufsdamen, in den Häuserzeilen sind Geschäfte aus aller Herren Länder. Vom deutschen Lidl über den traditionellen irischen Schlachter und seinen Zunftkollegen aus dem Morgenland bis hin zu ostasiatischen Gemüsedealern. Babylonisches Sprachgewirr ringsherum, aber man versteht und arrangiert sich. Selbst die traditionsbewussten Marktfrauen geben unumwunden zu, dass sie ohne die ausländischen Kunden schon lange hätten dicht machen können. Im Gegenzug stört es im *halal*-Laden kaum, wenn nebenan der Schweinekopf im Schaufenster liegt. Klappt doch! Genießen Sie als Besucher einfach den lustigen Trubel, immer von etwa 10 bis 17 Uhr. Tipp: Halten Sie die Augen nach Obstschnäppchen (nicht Schnäpschen!) offen. Dezent angebotene Zigaretten dagegen sind selten koscher, da Schmuggelware oder Fälschungen hier überwiegen.

### Insider-Einkaufstipps

Wenn Sie in Dublin einen Shopping-Marathon hinlegen wollen, sollten Sie sich für Enttäuschungen wappnen. Zum einen werden Einkaufsmeilen wie die **Grafton Street** 🅰 oder **Henry Street** 🅰 von multinationalen Konzernen dominiert, zum anderen ist deren Markenware in Irland oft teurer als anderswo. Dasselbe gilt für die Kaufhäuser **Brown Thomas** (Grafton Street) und **Arnotts** (Henry Street) sowie für die meisten Einkaufszentren (Ausnahme: das exzentrische und architektonisch interessante **Stephen's Green Shopping Centre** 🅰).
Richtig quietschbuntes Shopping für echte Einzelstücke abseits des Mainstream ist jedoch an drei Orten möglich: in der **George's Street Arcade** 🅰 (T 01 283 60 77, www.georgesstreetarcade. ie, Mo–Sa 9–18, Do bis 19, So 12–18

Uhr), im **Powerscourt Centre** 🅰 (59 South William St., T 01 679 41 44, www. powerscourtcentre.ie, Mo–Sa 10–18, So 12–18 Uhr) und in der **Design Lane** 🅰 (2 Pudding Row, Essex Street West, T 01 524 00 01, www.designlane.ie, tgl. 11–17 Uhr, im Winter Mo Ruhetag).

## VERGANGENHEIT HAUTNAH

### Kompakte Kulturlandschaft

Museen gibt es in Dublin viele, richtig sehenswert sind nicht unbedingt alle: Mit einem halben Dutzend kommen sie gut aus. An erster Stelle steht das **National Museum** 🄴 in der Kildare Street (T 01 677 74 44, www.museum. ie, Di–Sa 10–17, So/Mo 13–17 Uhr), das vor allem archäologische Funde zeigt – von der grauen Vorzeit bis zum Mittelalter, mit einem kleinen Exkurs nach Ägypten. Dabei sind die hervorragend erhaltenen Moorleichen, wahrscheinlich Opfer von Ritualmorden, viel interessanter als die drittklassigen Mumien. Und ein Blick in die ›Schatzkammer‹ offenbart in Minuten alles, was Sie über irische Kunst im Mittelalter wissen müssen.

### Altertum, Ästhetik und Aufruhr

Die aus einer Privatstiftung hervorgegangene **Chester Beatty Library** 🄵 (T 01 407 07 50, www.chester beatty.ie, Mo–Sa 9.45–17.30 (Mi 20), So 12–17.30 Uhr, Nov.–Feb. und *Bank Holiday* Mo geschl.) am **Dublin Castle** 🄵 ist vor allem eine prachtvolle Sammlung von Buchkunst mit religiösen Texten aus aller Welt. Darunter eine der ältesten bekannten Bibelhandschriften, prachtvolle Ausgaben des Koran, illustrierte Schriften aus Ostasien, die mit kultischen Geräten präsentiert werden. Zum 100-jährigen Jubiläum des Osteraufstandes von 1916 wurde 2016 im Keller des **General Post Office** 🄷, das den Brennpunkt des Osteraufstands bildete, das GPO-Museum (O'Connell St., T 01 872 19 16, www.anpost. com/witness-history, Di–Sa 10–17 Uhr, 15 €) neu eröffnet. Es vertraut stark

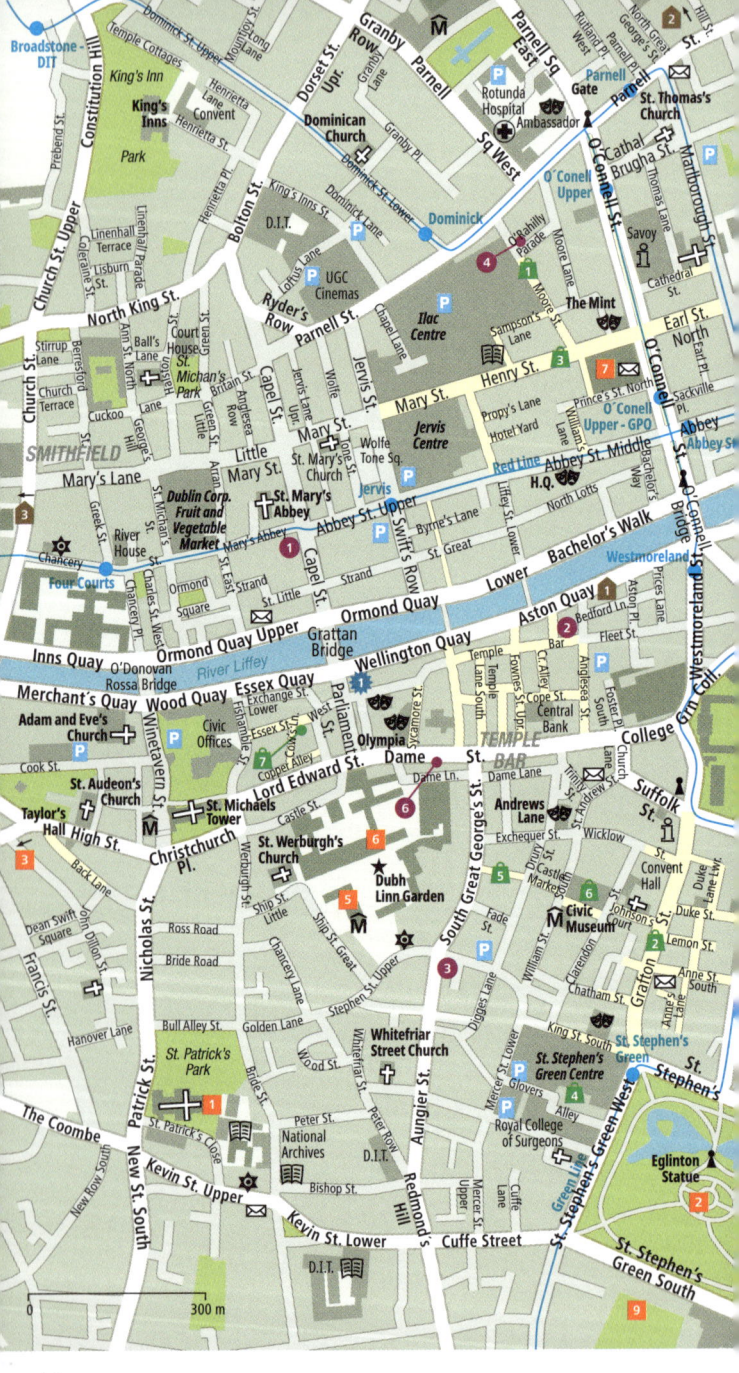

Broadstone
DIT

Temple Cottages

King's Inn

King's
Inns

Park

Dominick St. Upper

Dorset St.
Upr.

Granby
Row

Parnell
Sq.
East

Parnell

Parnell
Gate

St. Thomas's
Church

Cathal
Brugha

Dominican
Church

Dominick St. Lower

Rotunda
Hospital

Ambassador

Parnell
Sq. West

O'Conell
Upper

Savoy

Dominick

D.I.T.

UGC
Cinemas

Ryder's
Row

Parnell St.

Chapel St.

Ilac
Centre

Sampson's
Lane

O'Connell
Parade

Moore Lane

The Mint

Earl St.
North

North King St.

Court
House

St.
Michan's
Park

Anglesea
Row

Wolfe
Tone St.

Henry St.

Prince's St. North

O'Conell
Upper - GPO

Sackville

Abbey

SMITHFIELD

Mary's Lane

Little
Mary St.

St. Mary's
Church

Wolfe
Tone Sq.

Jervis
Centre

Mary St.

Propy's Lane

Hotel Yard

Red Line

Abbey St. Middle

Abbey S

Dublin Corp.
Fruit and
Vegetable
Market

St. Mary's
Abbey

Jervis

Abbey St. Upper

Swift's Row

North Lotts

H.Q.

Four Courts

Chancery

River House

Capel St.

Ormond
Square

Strand

Ormond Quay Upper

Ormond Quay

Bachelor's Walk

Westmoreland

Inns Quay

O'Donovan
Rossa Bridge

River Liffey

Grattan
Bridge

Wellington Quay

Aston Quay

Bedford
Row

Fleet St.

Merchant's Quay

Wood Quay

Essex Quay

Exchange St.
Lower

Essex St.
West

Parliament
St.

Temple
Lane South

Foster Place

College

Adam and Eve's
Church

Civic
Offices

Fishamble St.

Copper Alley

Olympia

Dame St.

Central
Bank

TEMPLE
BAR

Suffolk
St.

Cook St.

St. Audoen's
Church

Lord Edward St.

Dame Ln.

Dame Lane

Andrews
Lane

Convent
Hall

Taylor's
Hall

High St.

St. Michaels
Tower

Castle St.

St. Werburgh's
Church

Exchequer St.

Wicklow

Duke
Lane Lwr.

Christchurch
Pl.

Werburgh's St.

Dubh
Linn Garden

Castle
Market

Civic
Museum

Ross Road

Ship St.
Little

Fade
St.

Johnson's
Court

Lemon St.

Dean Swift
Square

Bride Road

Ship St. Great

South Great George's St.

William St.

Clarendon

Chatham St.

Anne St.
South

Francis St.

Chancery Lane

Diggs Lane

Bull Alley St.

Golden Lane

Whitefriar St.

Whitefriar
Street Church

Aungier St.

King St. South

St. Stephen's
Green Centre

St. Stephen's
Green

St.
Stephen's

St. Patrick's
Park

St. Patrick's
Close

National
Archives

Peter St.

Peter Row

Glovers
Alley

Royal College
of Surgeons

Eglinton
Statue

Hanover Lane

Wood St.

Stephen St.

D.I.T.

Bishop St.

Bride St.

Mercer St. Upper

Cuffe
Lane

Mercer St. Lower

The Coombe

New Row South

Patrick St.

Nicholas St.

New St. South

Kevin St. Upper

Redmond's
Hill

Kevin St. Lower

Cuffe Street

St. Stephen's
Green South

D.I.T.

300 m

0

18

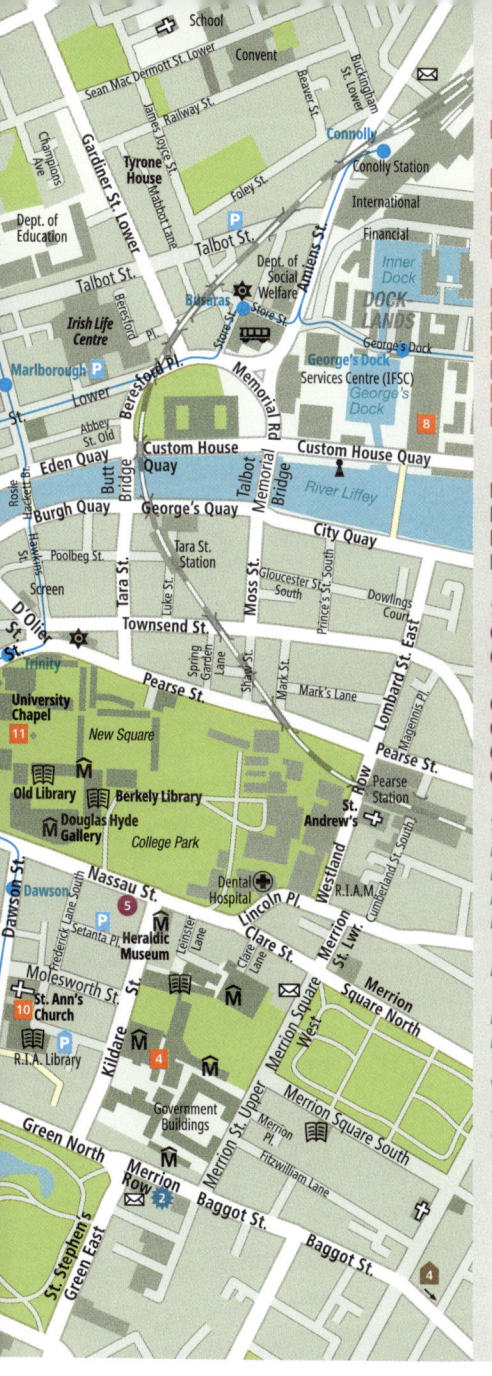

# DUBLIN

## Sehenswert

1 St. Patrick's Cathedral
2 St. Stephen's Green
3 Guinness Storehouse
4 National Museum
5 Chester Beatty Library
6 Dublin Castle
7 General Post Office
8 CHQ Building
9 Iveagh Gardens
10 St. Ann's
11 Trinity College Dublin

## In fremden Betten

1 Abigail's Hostel
2 Clifden Guesthouse
3 Generator Hostel
4 Pembroke Townhouse

## Satt & glücklich

1 Brother Hubbard
2 Gallagher's Boxty House
3 Govindas
4 Moore Street Mall
5 The Pig's Ear
6 Umi Falafel

## Stöbern & entdecken

1 Moore Street Market
2 Grafton Street
3 Henry Street
4 Stephen's Green Shopping Centre
5 George's Street Arcade
6 Powerscourt Centre
7 Design Lane

## Wenn die Nacht beginnt

1 Porterhouse
2 O'Donoghue's

auf Reproduktionen und Bildtafeln und erzählt damit die Geschichte des Osteraufstandes. Ein wirklich sehenswerter Film erweckt das Geschehen mit modernen Effekten (und Donnergetöse) zum Leben.

### Alte Zeiten im digitalen Zeitalter

Vollkommen virtuell ist das Multimediaerlebnis im »EPIC – The Irish Emigration Museum« in den weitläufigen Kellerräumen des **CHQ Building** 🟧 in den Docklands (Custom House Quay, T 01 531 36 88, www.epicchq.com, tgl. 10–17 Uhr, 18,50 €). Hier wird erzählt, warum Emigranten die Insel verließen und welchen Einfluss sie in der Fremde nahmen. Unterhaltsam, lehrreich und nie langweilig.

· · · · · · · · · · · · · · · · · · · · · · · · · · · · · · · ·

### AUCH MAL ZUR RUHE KOMMEN

· · · · · · · · · · · · · · · · · · · · · · · · · · · · · · · ·

Dublin kann schnell hektisch werden – dann sollten Sie etwas ausspannen. Prima gelingt das in den **Iveagh Gardens** 🟩, Haupteingang in der Clonmel Street, nur etwas südlich vom St. Stephen's Green. In der Dawson Street bietet die anglikanische Gemeindekirche **St. Ann's** 🔟 Ruhe und Brotlaibe für die Armen, jeden Donnerstag um 13.20 Uhr auch kleine Konzerte. Eine gut versteckte Ruhezone ist der **Zen-Dachgarten der Chester Beatty Library** 🟥, der aber bei schlechtem Wetter geschlossen ist. Aber auch die Anlagen des **Trinity College** 🟧 (▶ S. 22) laden zum genüsslichen Ruhen ein.

· · · · · · · · · · · · · · · · · · · · · · · · · · · · · · · ·

### SCHLEMMEN, SHOPPEN, SCHLAFEN

· · · · · · · · · · · · · · · · · · · · · · · · · · · · · · · ·

### 🏠 In fremden Betten

#### Mittendrin-Hostel
**Abigail's Hostel**

Mehr Innenstadt geht nicht, mit Blick auf O'Connell Bridge und Liffey, und doch in der Nacht relativ ruhig.

7–9 Aston Quay, T 01 677 93 00, www.abigailshostel.com | €

#### Nah bei Joyce
**Clifden Guesthouse** 🟤

Rund 200 Jahre altes Gebäude zwischen Dublin Writers' Museum, James Joyce Centre und Mountjoy Square. Kleine Zimmer mit annehmbarem Standard.

32 Gardiner Pl., Dublin 1, T 01 874 63 64, www.clifdenhouse.com | €€

#### Nobel-Hostel
**Generator Hostel** 🟤

Das Oberklassehotel Chief O'Neill's wurde zum Hostel. Relativ ruhige Lage im sanierten Smithfield. Mit Bar, Restaurant, Kinosaal, Wäscherei und Jacuzzi.

Smithfield Square, Dublin 7, T 01 901 02 22, www.staygenerator.com | €€

#### Altmodisch mit Stil
**Pembroke Townhouse** 🟤

In drei georgianischen Häusern in einer ruhigen Seitenstraße nahe der Innenstadt. Hervorragendem Frühstück à la carte.

90 Pembroke Rd., Ballsbridge, Dublin 4, T 01 660 02 77, www.pembroketownhouse.ie | €€€

· · · · · · · · · · · · · · · · · · · · · · · · · · · · · · · ·

### 🍴 Satt & glücklich

#### Hip, Hipster, Hurra
**Brother Hubbard** 🔴

Unscheinbar und schnell voll – Frühstück von deftig bis süß, danach eine bunte Speisekarte den ganzen Tag lang. Nicht nur für Hipster!

153 Capel St., T 01 441 11 12, www.brotherhubbard.ie, Mo–Fr 8.30–17.30, Sa 10–17, So 11–17 Uhr | €–€€

#### Kartoffel mal anders
**Gallagher's Boxty House** 🔴

Hier regiert der *Boxty*, ein zwischen Knödel und Kartoffelbrot anzusiedelnder Sattmacher. Das heißt also: mitten in Temple Bar reichhaltige irische Hausmannskost.

20–21 Temple Bar, T 01 677 27 62, www.boxtyhouse.ie, tgl. 12–22.30 Uhr | €–€€

#### Hare Krishna kocht
**Govindas** 🔴

Ein Restaurant für Vegetarier, betrieben von Mitgliedern der ISKCON (besser bekannt als ›Hare Krishnas‹) – einfach, aber sehr gut.

83 Middle Abbey St., Mo–Sa 12–20, So 12–18 Uhr | €

### Exoten-Mix
## Moore Street Mall ④

Wenn Sie vor exotischer Kost nicht zurückschrecken, keinen großen Komfort brauchen und noch dazu günstige Preise schätzen, sind Sie in der Moore Street Mall gut aufgehoben: indisch-pakistanische Buffets ohne Nachschlaggrenze, chinesisches Streetfood, ein polnischer Imbiss und ein ›Jugoslawe‹. Pappsatt schon ab 7 €.

Moore St., (unterm Lidl), Essen etwa 12–17 Uhr | €

### Irische Tradition
## The Pig's Ear ⑤

Traditionell irisch, modern und kreativ zubereitet – inklusive Black Pudding (Grützwurst) und Schweineohren. Augen zu und rein damit!

4 Nassau St., T 01 670 38 65, www.thepigsear. ie, Di–Sa 17.30–21 Uhr | €–€€

### Mittelöstlich vegetarisch
## Umi Falafel ⑥

Mit der Küche des Orients hat man den Markt für vegetarisches Essen in Bewegung gebracht – zum Guten hin, denn hausgemachte Falafel, Halloumi und Säfte haben die richtige Würze.

13 Dame St., T 01 670 68 66, www.umifalafel. ie, tgl. 12–21 Uhr | €

.................................................

## ☀ Wenn die Nacht beginnt

### Bier direkt vom Erzeuger
## Porterhouse 🏮

Am Rand des Sündenpfuhls Temple Bar, und doch nicht überlaufen – ein relativ moderner Pub mit vor allem einem großen Plus: Hier braut der Chef etwa ein Dutzend eigener Biere selbst.

16–18 Parliament St., T 01 679 88 47, www. theporterhouse.ie, Mo–Mi 11.30–24, Do 11.30–1, Fr und Sa 11.30–2, So 12–24 Uhr

### Wo die Dubliners begannen
## O'Donoghue's ②

Big Daddy of Folk Music – der Pub ist dafür berühmt, dass hier die Dubliners erstmals auftraten. Auch wenn deren Stern zuletzt rapide sank, ist O'Donoghue's immer noch die beste Anlaufstelle für den Folkfan in Dublin. Manchmal auch sehr voll.

15 Merrion Row, T 01 660 71 94, www.odo noghues.ie, Mo–Do 10–24, Fr und Sa 10–1, So 11–24 Uhr

*Moore Street – das Herz von Dublin*

# #1

## Weltoffene Protestanten – **Trinity College Dublin**

**Hier sollte eine Kaderschmiede entstehen: Trinity College wurde als ›Sitz protestantischer Gelehrsamkeit‹ 1592 von Elisabeth I. eröffnet. Erst zwei Jahrhunderte später wurden auch katholische Studenten zugelassen – das wurde dann allerdings bis 1970 von Roms Statthaltern in Irland mit dem Bann belegt, um das Seelenheil der katholischen Schäfchen zu schützen.**

Die Universität der Heiligen Dreifaltigkeit ist heute aber ein weltoffenes Haus. Religion ist Privatsache, neben Christen aller Fasson tummeln sich Muslime, Hindus, Buddhisten – eben die ganz Welt auf dem Campus. Ihnen als Besucher stehen die Tore eigentlich immer offen … wenn Sie den Eingang finden. Hinein geht es entweder durch eine wenig prachtvolle Tür am **College Green** 1 oder durch die düstere **Unterführung** 2 gegenüber der Dawson Street; einladend sieht anders aus. Aber dafür hat TCD, wie das Trinity College Dublin liebevoll abgekürzt wird, ja seine inneren Werte. Die sind einfach nur gut versteckt.

## Hotspots für Selfies

Die Holztür am College Green etwa führt Sie durch eine kleine Vorhalle mit Pförtnerloge und Holzfußboden im Regent House direkt auf den **Parliament Square.** Dort stehen Sie dann – links die **Kapelle** 3, rechts die **Examenshalle** 4 – direkt vor TCDs Postkartenmotiv, dem **Campanile** 5. Den knipsen Sie jedoch lieber ungestört vom **Library Square** dahinter aus. Dann haben Sie auch die **Rubrics** 6 im Rücken, die holländisch wirkende und ältesten erhaltenen Bauten der Uni. Sie wurden um 1700 errichtet, seit 1734 soll in ihnen der Geist von Edward Ford umgehen, der zum Opfer eines robusten Studentenprotestes wurde.

Gönnen Sie sich einen Spaziergang durch die weiträumigen Anlagen; er ist ein Erlebnis für sich

*»Sphäre mit Sphäre« 7 von Arnoldo Pomodoro – nicht der Todesstern aus Star Wars*

und ich flaniere hier gerne mehrmals im Jahr. Kunstwerke von Arnaldo Pomodoro (**»Sphäre mit Sphäre«** 7) oder Henry Moore (**»Liegende verbundene Formen«** 8), prachtvolle Architektur, im Sommer vielleicht ein Cricketspiel der Uni-Auswahl im **College Park** 9: Es gibt hier viel zu sehen. Ganz ohne anzustehen.

## Mittelalterliche Buchkunst

Das müssen Sie dafür dort, wo der Besucherstrom meist hinfließt – in der alten **Bibliothek** 10, die ein echter Prachtbau mit enorm langem Zentralraum ist. Ihr Prunk verblasst jedoch vor ihrem größten Schatz, dem **Book of Kells.** Vermutlich im 8. Jh. in Schottland erschaffen, liegt es seit 1661 zu treuen Händen im TCD. Je eine Doppelseite aus zweien der vier Buchteile können Sie bewundern: feinste abendländische Buchmalerei, aufwendige Kalligrafie, zahlreiche Ornamente, leuchtende Farben, etwa aus gemahlenem Lapislazuli, der extra aus Afghanistan importiert wurde. Genießen Sie den Augenblick – bis Sie dezent aufgefordert werden, den nachfolgenden Besuchern Platz zu machen. Aber einmal muss man sich die Drängelei vor dem Buch antun. Wirklich, es lohnt sich!

**Ü**
**ÜBRIGENS**

Im Trinity College liegt der kleinste Friedhof von Dublin, **Chaloner's Corner** 11, für eine Handvoll verdienter Akademiker, die von ihrer Alma Mater nicht lassen konnten.

INFOS/ÖFFNUNGSZEITEN

**College Green** 1: www.tcd.ie, Haupteingang 7–24 Uhr, kostenpflichtig nur Old Library (Book of Kells), Okt.–März Mo–Sa 9.30–17, So 12–16.30, April–Sept. Mo–Sa 8.30–17, So 9.30–17 Uhr, Erw. ab 18 €

KULINARISCHES FÜR ZWISCHENDURCH

Guten Kaffee und Sandwiches bekommen Sie im **Café** im **Arts Block** 1 direkt neben der Passage vom Fellows' Square zur Dawson Street (Mo–Do 8–19, Fr 8–18 Uhr | €).
Etwas weniger studentisch (dafür aber teurer) geht es gegenüber im ausgezeichneten **Kilkenny Cafe** 2 zu (15 Nassau St., Mo–Sa 8.30–17.30, So

10–17 Uhr, www.kilkennyshop.com/restaurant-homepage-dublin | €–€€).

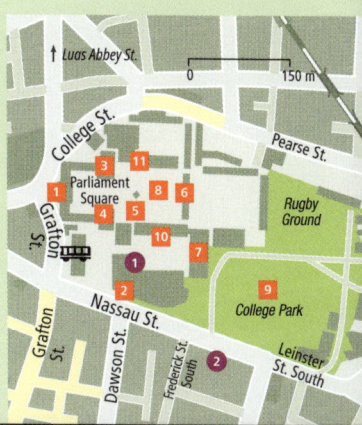

**Faltplan:** G 5–6 | Citykarte S. 19 | Geschichte atmen in der Uni, mind. 1 Std.

INFOS

**Discover Ireland Information Office:**
14 O'Connell Street, Dublin 1, und am
Flughafen Dublin (Ankunftsbereich),
www.discoverireland.ie

IN DER UMGEBUNG

**Unistadt mit Geschichte**
**Maynooth** (📖 G 5) ist vor allem wegen des **St. Patrick's College** (www.
maynoothuniversity.ie) bekannt, das als
Gegenstück zum Trinity College Dublin
1795 eröffnet wurde, um katholische
Geistliche im eigenen Land ausbilden
zu können. Heute zählt das College
zur National University of Ireland und
Frauen gehören zum Alltagsbild auf dem
frei zugänglichen Campus. Die Gebäude
aus dem 19. Jh. wirken imposant,
die monumentale Figurengruppe mit
Johannes Paul II. und Kindern etwas
bedrohlich. Neben dem College liegt die
beeindruckende Ruine des **Maynooth
Castle** (T 01 628 67 44, www.heritage
ireland.ie, Mitte Mai–Ende Sept. Mi–So
und Feiertage 10–18 Uhr, Eintritt frei),
dessen Blüte zwischen dem 13. und
dem 17. Jh. lag.

**An der Küste**
**Bray** (📖 G 6) wurde Ende des 18. Jh.
von Touristen und Tagesgästen entdeckt,
die das Meer und die dramatische Klip-
penlandschaft samt ›Zuckerhut‹ *(Sugar
Loaf)* liebten. Heute hat man in Bray
noch ein wenig den Eindruck, irgendwo
an der englischen Südküste Ende des
19. Jh. zu sein, allerdings mit LGBT-Vibe.
Dank DART-Anbindung ist das etwas
verlebte Seebad an Wochenenden recht
lebendig. Der beste Wanderweg am
Meer führt rund 8 km an der Steilküste
nach Süden in das kleine, gemütliche
**Greystones.** Strand, Hafen, und viele
besserverdienende Dubliner als Zuzügler
haben das ehemalige Fischerdorf
aus dem Dornröschenschlaf gerissen:
Seine Attraktivität steht auf der Kippe.
Genießen Sie's, solange es noch geht.

Im Norden der Dublin Bay lockt das
malerische **Howth** (▶ S. 25).

🍴 **Schloss-Café**
**Avoca Terrace Café**
Selbstbedienungsrestaurant und Café in
herrlicher Lage am Rand des sehenswerten Schlossparks von Powerscourt,
vor allem die Salatauswahl begeistert.
Powerscourt House, Enniskerry, www.avoca.
com, tgl. 9.30–17 Uhr | €–€€

🍴 **Feinkost am Meer**
**The Hungry Monk**
Altbewährte Gerichte ohne viele Schnör-
kel, abgerundet durch eine hervorragende Weinkarte.
Church Rd., Greystones, www.thehungry
monk.ie, Mo–Sa 17–23, So 12.30–21
Uhr | €€

# Trim 📖 F 5

**Die verschlafene Kleinstadt Trim
war ein Machtzentrum – wovon
Trim Castle heute noch zeugt.**

Die mitten im Ort gelegene Zwingburg
**Trim Castle** (www.heritageireland.
ie, Feb.–Nov. 10–17 Uhr, 5 €) der
anglo-normannischen Familie de Lacy ist
mit 30 000 qm die größte Burganlage
dieser Zeit in Irland. Weite Teile liegen
heute in Ruinen. Der massive Bergfried
aber bietet einen fantastischen Ausblick
auf den Boyne und die nur etwas weiter
östlich gelegenen, imposanten Ruinen
von **Newtown Trim** – frei zugänglich
sind die mittelalterliche Brücke, das
**Johanniter-Hospital** und eine der
größten mittelalterlichen Kirchen auf
der Insel. Nur wenige Minuten Fahrzeit
auf der R161 entfernt steht zudem die
interessante Ruine der **Bective Abbey**
aus dem 12. Jh.

IN DER UMGEBUNG

In der näheren und weiteren Umgebung
von Trim gibt es zahlreiche geschichts-
trächtige Orte zu erkunden, nicht zuletzt

# Dublins kleine Idylle am Meer – **Howth**

#2

**Klippen hoch über dem Meer, einsame Wanderwege, idyllische Parklandschaft mit mittelalterlicher Burg, Fisch frisch vom Kutter, Robben zum Greifen nahe: Dazu muss man in Irland weit fahren, oder? Falsch gedacht – Howth bietet Ihnen all das nur eine kurze Fahrt vom Zentrum Dublins entfernt.**

Howth ist die Perle der nördlichen Dublin Bay, ein wuseliger Fischerort und ein beliebtes Ausflugsziel der Dubliner. Hier warten Robben im Hafen auf Snacks, denn mancher Beifang fliegt eben im hohen Bogen über Bord. Hier fischen irische, polnische und chinesische Angler Seite an Seite für die nächste Mahlzeit, während Sie am Meer flanieren oder auf Bergtour gehen. Am Wochenende geht es deshalb teilweise wie auf dem Rummel zu, jedenfalls tagsüber. Gegen Abend können Sie dann wieder durchatmen, etwa bei einem Bummel entlang der Piers zwischen Abendessen und Absacker im Pub.

## Atemberaubend schön und steil

Klippen *light* bietet der Wanderweg **Cliff Walk** rund um Howth. Sie sind beeindruckend hoch, leicht zu erreichen und bieten faszinierende Ausblicke auf die Irische See: quer über die Dublin Bay, hoch über bizarre Klippenformationen der Steilküste, während die Leuchttürme tief unter Ihnen liegen. Das ist Natur, wie man sie in Irland erwarten darf... aber wie sie kaum ein Dublin-Be-

*Buchtwächter: Baily Lighthouse auf Howth Head*

**ÜBRIGENS**

Wenn Ihnen die Aussicht vom **West Pier** 6 auf den Leuchtturm bekannt vorkommt: Hier landete Pater Brown alias Heinz Rühmann auf der verrufenen Insel Abbot's Rock.

sucher erwartet. Der Weg beginnt gleich an der DART-Station oder nur wenige Schritte entfernt von der Busstation auf dem **Summit** 1. Die Wegvarianten sind gut ausgeschildert, sodass Sie außer klippenfesten Wanderschuhen und wetterfester Kleidung keine Ausrüstung brauchen.

Auch Altertumsfans kommen auf ihre Kosten: bei der Ruine der **St. Mary's Abbey** 2 oder beim Spaziergang zum **Howth Castle** 3, einem mittelalterlich-viktorianischen Bau mit Gruselpotenzial. Oder am **Leuchtturm** 4 auf dem **East Pier** 5. Dort lieferte 1914 Bestsellerautor Erskine Childers mit seiner Yacht »Asgard« unter Applaus deutsche Waffen für irische Rebellen an, um 1922 vom Irischen Freistaat wegen illegalen Waffenbesitzes füsiliert zu werden.

INFOS/ÖFFNUNGSZEITEN

**Anfahrt:** Am besten mit dem **Dublin Bus** (Linie 31 bis Ortsmitte oder Summit) oder der **DART** (bis Endstation)

**Route:** Der **Bog of Frogs Loop** (violetter Pfeil auf weißem Untergrund, Start am Bahnhof, 12 km) ist der längste und lohnendste Wanderweg.

**Achtung:** Erwandern Sie den Klippenpfad nur bei ausreichendem Tageslicht, sonst besteht Unfallgefahr.

**St. Mary's Abbey** 2: Die Ruinen sind in der Regel tagsüber zugänglich.

KULINARISCHES FÜR ZWISCHENDURCH

Der **East Pier** 5 ist voll mit Restaurants, die vor allem Fisch servieren. Die echten Tipps sind jedoch der **Takeaway Beshoff Bros** 1 (12 Harbour Rd., T 01 832 17 54, www.beshoffbros.com, tgl. 11–22 Uhr | €) und für Gourmets **King Sitric** 2 (East Pier, T 01 832 52 35, www.kingsitric.ie, tgl. ab 11 Uhr | €€€). Den Absacker am Abend hatte ich schon erwähnt – dafür sollten Sie aber die überlaufenen Pubs am Bahnhof vermeiden. Im **O'Connells** am East Pier (www.oconnellshowth.com) geht es etwas gemächlicher zu.

TIPP: ALTE AUTOS FÜR LIEBHABER

Das **National Transport Museum** 7 in den Stallungen des Howth Castle ist für Liebhaber von Autos, Lastwagen, Bussen und Straßenbahnen unbedingt einen Abstecher wert – dicht an dicht parken hier wahre Schätze. T 01 832 04 27 (www.nationaltransportmuseum.org, Sa, So und Feiertags 14–17 Uhr, 3 €).

**Howth**

Deer Park

Howth Rd.
Harbour Rd.
Balscadden Rd.
Cliff Walk
Main St.
Kilrock Rd.
Thormanby Rd.
Balkill Rd.
Bailey Green Rd.
Bog of Frogs Loop
Carrickbrack Rd.

0    1 km

**Faltplan: G 5 | Klippenwanderung, ein halber Tag**

*Ogham-Anhängerle – Irlands älteste Schrift, auch als Souvenir in vielen Läden erhältlich*

die Weltkulturstätte **Newgrange** (▶ S. 28).

### Mystisches Tara

Der **Hügel von Tara** (🗺 F 5) südlich von Navan ist so eine Sache für sich – wenn Sie auf spirituell zumindest angehauchten Wegen durch Irland mäandern, werden Sie hier vom keltisch-irischen Geist des Ortes gefangen genommen. Wenn Sie auf der Suche nach handfesten Zeugnissen der Vergangenheit sind, erinnert Tara eher an einen etwas ungepflegten Golfplatz. Denn außer einem **Ganggrab** und mehreren (wohl zeremoniell genutzten) **Wallanlagen** hat Tara nur Legenden zu bieten. Dennoch, ich mag Tara – am liebsten außerhalb der Saison.

### 🎵 Kultur-Café
**Maguires**
In einer Reihe alter Bauernhäuser finden sich Buchläden, Esoterik-Shops, Souvenirgeschäfte und das hervorragende Café am Fuß des Hügels – mit dem ›Tara Special‹: Scones und Tee.
T 04 69 02 55 34, www.maguireshilloftara.com, tgl. 9.30–17.30 Uhr | €

### Kells ohne Buch

Der kleine Ort **Kells** (🗺 F 5) ist durch das »Book of Kells« in aller Munde.

Das ist aber nur im Trinity College in Dublin zu sehen (▶ S. 23). Freunde des Mittelalters finden hier einen fast vollständig erhaltenen **Rundturm** im Ortskern und daneben alte Hochkreuze. Reich verziert ist das **South Cross** aus dem 9. Jh., mit typischem Flechtwerk und Bibelszenen. Beim Kreuz neben der Kirche sind die Bildpaneele noch ausgespart, der Steinmetz hat nur die Vorarbeiten erledigt. Es ist ein faszinierender Schnappschuss des Entstehungsprozesses. Unweit befindet sich auch **St. Columba's House,** eine einfache Kirche etwa aus dem 10. Jh. – den Schlüssel müssen Sie bei einem der Nachbarn erbitten (am Torgitter ausgeschildert).

### Zweikönigstreffen

Die Schlacht am Boyne war 1690 das einzige Gefecht, in dem sich die beiden englischen Könige Jakob II. und Wilhelm III. direkt gegenüberstanden – militärisch eher unbedeutend, leitete der Kampf dennoch den Sieg der revolutionären Partei Wilhelms ein. Das Schlachtfeld ist unspektakulär, die Ausstellung im **Herrenhaus von Old-bridge** (🗺 G 5, www.battleoftheboyne. ie) ist jedoch interessant. An Sommerwochenenden finden auch Vorführungen in historischen Kostümen statt.

### Klöster im Wandel

Das ehemalige Kloster von **Monasterboice** (🗺 G 4) wird heute noch als (immer zugänglicher) Friedhof genutzt, der 28,5 m hohe Rundturm und die zwei Kirchen neben dem Turm sind eher Statisten. Denn der Star ist **Muiredach's**

**B BILDLICH**

Die bildlichen Darstellungen auf den Hochkreuzen waren im Mittelalter farbenfroh bemalt. Wie Comic-Strips dienten sie damals der Erläuterung wichtiger Bibelstellen für das einfache Volk.

# Lightshow im Ganggrab – **Newgrange**

**Um das Spektakel live mitzuerleben, müssen Sie eins von beidem sein: prominent oder ein echter Glückspilz. Denn nur eine kleine Gruppe von Menschen darf um die Wintersonnenwende im Ganggrab von Newgrange ausharren, um das legendäre Lichtspektakel des Sonnenaufgangs zu sehen. Dann fällt ein Lichtstrahl durch den engen Gang und illuminiert die zentrale Kammer für wenige Minuten auf fast mystische Weise.**

Doch auch als Normalbesucher bekommen Sie dieses Lichtspiel jeden Tag im Halbstundentakt serviert – nur eben nicht natürlich durch den Sonnenlauf, sondern elektrisch. Der nachgestellte Sonnenaufgang ist Höhepunkt jeder Besichtigung von **Newgrange** 1. Während der durchgeplanten Tour werden Sie vom **Brú na Bóinne Visitor Centre** 2 am anderen Ufer des Boyne im Bus dorthin chauffiert und erleben dabei die Eventindustrie in Hochform. Ob sich das die Erbauer des über 5000 Jahre alten Monuments so vorgestellt hatten?

## Nicht aus der Reihe tanzen

Doch diese gut organisierte Vermarktung durch das Besucherzentrum hat Vorteile: Sie kanalisiert die Besucherhorden, schafft Arbeitsplätze, bringt Geld in die Kasse. Mit freundlichen Spenden allein ließen sich die Monumente des ›Palasts am Boyne‹ nicht erhalten: Newgrange und **Knowth** 3 sähen schnell wie das benachbarte **Dowth** 4 aus – ein unförmiger Erdhügel mit unzugänglichen Passagen, der langsam verfällt.

Ohne straffe Organisation wäre allenfalls der Außenbereich freigegeben, denn schon in den Kleingruppen der Grabbesichtigung erleidet mancher Hobbyarchäologe eine klaustrophobische Episode. Denken Sie also nicht daran, dass 200 000 Tonnen Stein über Ihnen aufgeschichtet sind, die nur durch ihre immen-

**ÜBRIGENS**

**Dowth** 4 ist das dritte der großen Ganggräber – nur dies können Sie kostenlos und ungestört besichtigen. Der direkt an der L1607 liegende Hügel ist zwar durch stümperhafte Ausgrabungen zerstört, aber dort herrscht weitaus weniger Trubel.

se Schwerkraft zuverlässig zusammengehalten werden.

## Garantiert echt nachgebaut!

Was Ihnen allerdings weder das Besucherzentrum noch die Führer vor Ort auf die Nase binden: Newgrange ist zwar an sich älter als die Pyramiden von Gizeh, mag aber im Original gar nicht so spektakulär gewesen sein. Der weiße Wall aus Quarzstein etwa ist eine (gewagte) ›Interpretation‹ der Fundlage und steht auch nur dank moderner Baumethoden aufrecht. Selbst das faszinierende Lichtspiel am Wintermorgen wurde erst in den 1970er-Jahren ›entdeckt‹ und ›rekonstruiert‹. Kein Zweifel besteht daran, dass zur Wintersonnenwende das Licht direkt in den Eingang hineinschien – ob es allerdings wirklich die innere Kammer erreichte, kann man diskutieren. Oder nicht, denn ein Gegenbeweis ist ja auch nicht zu erbringen.

*Der Gang im Grabhügel von Knowth – wesentlich komfortabler als Newgrange*

Faszinierend ist ein Besuch so oder so, und eine tolle Show ist es auch. Live fällt sie meist wegen Wolken aus. Das wiederum amüsiert so manchen Zaungast, wenn er in die betretenen Gesichter der Glückspilze und Promis blickt.

---

INFOS/ÖFFNUNGSZEITEN

**Brú na Bóinne Visitor Centre** 2: An der L1601 ca, 2 km westlich Donore, Co. Meath, T 041 988 030 00, www.heritageireland.ie
**Touren (jeweils 1 Std.):** nach **Newgrange** 1 (April–Okt.) und **Knowth** 3 Feb.–April und Okt. 9.30–17.30, Mai–2. Hälfte Sept. 9–18.30, Juni–1. Hälfte Sept. 9–19, Nov.–Jan. 9–17 Uhr, Visitor Centre 5 €, Newgrange 10 €, Knowth 10 € (Kombitickets möglich, Vorbestellung per Internet empfohlen)

MORGENSTUND ...

... hat hier die Auswahl im Mund: Die besten Tourpakete ohne Wartezeiten lassen sich ohne Vorbestellung nur am frühen Morgen ergattern!

---

KULINARISCHES FÜR ZWISCHENDURCH

Das **Café** 1 im Besucherzentrum bietet eine gute Auswahl an Snacks, Kuchen und auch eine kleine Mittagskarte – nicht ganz billig, aber praktisch. Sie können hier ab 10 € satt werden.

**Faltplan:** G 5 | Ab in die Frühzeit, mind. 2 Std.

**Cross,** ein 5,10 m hohes Hochkreuz aus dem 10. Jh.: komplett erhalten samt hervorragenden Steinmetzarbeiten mit Bibelszenen und zwei Männern, die sich gegenseitig am Bart ziehen. Das noch höhere **West Cross** ist leider wesentlich stärker verwittert.

Nur wenige Kilometer entfernt liegt die Ruine der **Mellifont Abbey** (🗺 G 5, Tullyallen, T 041 982 64 59, www.heritageireland.ie, frei zugänglich, Besuchszentrum Ende April–Ende Sept. tgl. 10–17 Uhr, 5 €). Sie wurde 1142 gegründet, und die Zisterzienser lebten hier ihren kontinental beeinflussten Architekturstil aus. Das Prunkstück ist das teilrestaurierte Waschhaus der Mönche, dessen Seitenwände etwa zur Hälfte erhalten sind.

### Brückenstadt mit Heiligem

Das Stadtbild von **Drogheda** (🗺 G 5) (›Stadt der Brücke‹) zwischen Mittelalter und Moderne erinnert mit dem trutzigen **St. Lawrence Gate** (13. Jh.) an alte Zeiten, auch schöne gregorianische Häuser finden Sie hier. In der neogotischen **St. Peter's Catholic Church** (tagsüber geöffnet) liegt der wahre Stadtschatz in einem gläsernen Schrein: der lädierte Schädel des 1681 hingerichteten Erzbischofs St. Oliver Plunkett – Knochen statt Karat.

### 🍴 Leicht exotisch

**Aisha's Café & Bistro**

Orientalische Pizzeria, der Gaumen wird mit ost-mediterranem Flair umschmeichelt. Auch Pizza (ab 10 €).

4 Wellington Quay, Drogheda, T 041 214 00 91, www.aishasbistro.ie, Sa–Do 13–21, Fr 15–21 Uhr | €

# Cooley-Halbinsel

🗺 G 4

**Hier sollen sich Königin Maeve und Held Cuchullain um Ochsen geprügelt haben – der ›Viehdiebstahl von Cooley‹ ist Irlands Sagenepos Nummer eins.**

### Hochzeitsversprechen

Ein nicht weniger sagenhaftes, dafür echtes Relikt der Vorzeit steht am Eingang zur Halbinsel: der **Proleek Dolmen** mit einem etwa 40 t schweren Deckstein. Wenn Sie einen Stein draufwerfen und er liegen bleibt, klingeln bald die Hochzeitsglocken. Der Dolmen und ein weiteres Ganggrab liegen auf dem Gelände des Golfplatzes neben dem Ballymascanlon-Hotel an der R173.

### Irische Romantik

Neben der viktorianischen Eisenbahnsiedlung **Greenore** ist auf der Cooley Peninsula vor allem **Carlingford** interessant. Das lebendige Örtchen liegt zwischen dem Carlingford Lough und dem 587 m hohen Carlingford Mountain. Romantisches Irland mit Blick auf die Mourne Mountains von Nordirland, eine altertümlich atmosphärische Stadt mit mittelalterlichen Relikten an jeder Ecke. Die (geschlossene) Ruine des **King John's Castle** ist nur eines der befestigten Gebäude am Ort, die **Holy Trinity Church** mit ihrem Besucherzentrum (T 042 937 38 88, www.carlingfordheritagecentre.com, Mo–Fr 10–12.30 und 14–16.30 Uhr, Eintritt frei) hat heilige Hintergrundinformationen.

### 🍴 Traditioneller Nachmittagstee

**Ruby Ellen's Tea Room**

Mein Lieblingsplatz in Carlingford ist irgendwo in diesem verwinkelt-wuseligen Café, wo neben herrlichen Heringen zum Frühstück auch ein traditioneller Tee der Superlative geboten wird.

Newry St., Carlingford, T 042 937 33 85, www.rubyellens.com, tgl. 9–18 Uhr | €

# Cavan 🗺 E 4

**Im County Cavan ist man sparsam, selbst die Kathedrale von Cavan ist der dritte Aufguss einer guten Idee.**

Beim 1938 begonnenen Bau der **Kathedrale** (Farnham St., tagsüber geöffnet) wurden Pläne einer Dubliner Kirche verwendet, die selbst eine Kopie von St. Martin-in-the-Fields (London) war. Das Plagiat ist dennoch einen Besuch wert, da es aus verschiedenfarbigem Marmor erbaut und mit schönen Glasfenstern versehen wurde. Überhaupt ist die **Farnham Street** mit Gerichtsgebäude, Freimaurerhaus, methodistischer und presbyterianischer Kirche, schön gestalteter Town Hall und den Resten der St. Mary's Abbey (beide in Seitenstraßen) der interessanteste Teil des Ortes.

### ⌂ Session-Zentrum
**Farnham Arms Hotel**
Als Musik-Pub ist die Bar des Hotels (mit durchaus gemütlichen Zimmern) mehrfach ausgezeichnet, deftige Sessions am Mittwoch ab etwa 21.30 Uhr und am Wochenende.
Main St., Cavan, T 049 433 25 77, www.farnhamarmshotel.com | €€

### ⦿ Fein lokal
**Murph's Gastro Pub**
Etwas außerhalb von Cavan an der N3 ist das alte Derragarra Inn jetzt ein Gourmet-Tempel, weniger Trödel, aber bestes Essen.
Butlers Bridge, T 049 433 10 33, www.murphsgastropub.ie, Mi–Fr 12–21, Sa 12–21.30, So 12.30–15.30 Uhr | €€

#### IN DER UMGEBUNG

### Rundtürme und andere Geschichten
Das Kloster von **Clones** (Ⅲ F 3) aus dem 6. Jh. ist weg, der etwa 20 m hohe Rundturm auf dem alten Friedhof aber steht noch. Ein Grabmal im Stil eines Häuschens aus dem 12. Jh. war einst die letzte Ruhestätte von St. Tighernach. Sehenswert im County Cavan sind auch der Rundturm von **Drumlane** (Ⅲ F 4) (südlich von Milltown an der R201) und das Cavan County Museum in **Ballyjamesduff** (Ⅲ F 4) (Virginia Rd., T 049 854 40 70, www.cavanmuseum.ie, Di–Sa 10–17, Juli–Sept. So 14–18 Uhr, 6 €), das Geschichte in thematisch gruppierten Ausstellungen präsentiert. **Mullagh** (Ⅲ F 4), nur einige Kilometer

entfernt, ist der Geburtsort des Frankenapostels Kilian. Seine Geschichte wird im **St. Kilian's Heritage Centre** (Virginia Rd., T 046 924 24 33, www.stkiliansheritagecentre.ie, Ostern–Okt. Di–Fr 10–18, Sa, So 14–18, sonst Mo–Fr 9.30–17.30, Sa 14–18 Uhr) erzählt. Und nahe der Grenzstadt **Blacklion** (Ⅲ E 3) befindet sich mein Lieblingsort, der aufgemöbelte **Cavan Burren Park** (www.marblearchcavesgeopark.com) mit Wanderrouten zu steinzeitlichen Monumenten.

### ⦿ Ein Hauch Luxus
**MacNean House & Restaurant**
Guesthouse mit Restaurant, in dem der bekannte Koch Neven Maguire bodenständige kulinarische Kostbarkeiten serviert.
Main St., Blacklion, T 07 19 85 30 22, www.nevenmaguire.com | €€, Menü €€€

# Birr Ⅲ E 6

**Birr (ein sprechender Name?) ist einer der kältesten Orte Irlands. In klaren Nächten richten Sie den Blick aber eher gen Himmel anstatt auf die weitgehend original erhaltenen Gebäude im gregorianischen Baustil.**

### Stadt der Sternengucker
Am **Birr Castle** (T 05 79 12 03 36, www.birrcastle.com, März–Okt. tgl. 9–18, andere Monate tgl. 10–16 Uhr, ab 10 €), im Jahre 1620 als Stammsitz Parsons, später 3. Earl of Rosse erbaut, bei gutem Wetter kann man stundenlange Spaziergänge durch die Anlagen genießen. Wissenschaftlich interessierte Menschen kommen ebenfalls auf ihre Kosten, denn hier wurde 1845 »Leviathan« erbaut – es war lange Zeit das weltgrößte Teleskop, seine Geschichte wird in einem kleinen Museum erzählt.

### ⦿ Öko-Café
**Red Apple Café**
Gemütliches Café im Ort mit leckeren, selbst gebackenen Kuchen und Brot.

Mill St., Birr, www.facebook.com/TheRed
AppleBirr/, Mo–Sa 8.30–18 Uhr, So 11–
14.30 | €

### 🕙 Schloss-Leckereien
**Courtyard Café**
Im Vorhof des Birr Castle liegt ein
kleines Café: sehr gute Salate, der Scho-
koladenkuchen ist eine Sünde wert!
Birr Castle, www.birrcastle.com/courtyard-cafe,
März–Sept. tgl. 10–17 Uhr | €

### ☁ Wandern
**SlieveBloom Mountains**
Die **Slieve Bloom Mountains** (www.
slievebloom.ie) sind ein gut erschlosse-
nes Wandergebiet für jede Fitnessstufe,
mit zahlreichen gut ausgeschilderten
Trailheads.

### ❶ Termine
Das **Slieve Bloom Walking Festival**
Ende April/Anfang Mai in der namenge-
benden Bergregion ist eine Art ›Volks-
wandertag‹ für alle (www.slievebloom.ie).
Ein Besuch in Birr lohnt sich vor allem
im Juli und August, wenn die **Birr
Vintage Week** und das **Arts Festival**
(www.birrvintageweek.com) den Ort in
ein teils nostalgisches, teils quietschbuntes Besucherparadies verwandeln.

▪▪▪▪▪▪▪▪▪▪▪▪▪▪▪▪▪▪▪▪▪▪▪▪
**IN DER UMGEBUNG**
▪▪▪▪▪▪▪▪▪▪▪▪▪▪▪▪▪▪▪▪▪▪▪▪

**Bildende Kunst im Nichts**
Oft übersehen wird der **Lough Boora
Sculpture Park** (🗺 E 6), ein Naherholungsgebiet mit moderner Kunst in
einem ausgebeuteten Torfmoor (www.
loughboora.com). Hier können Sie wandern, Rad fahren, die Natur genießen
und den weitläufigen Skulpturenpark
erforschen. Dort scheint zum Beispiel
»A Tree in a Sculpture« von Naomi Seki
gegen die Gesetze der Schwerkraft zu
verstoßen.

**Whiskey …**
**Tullamore** (🗺 E 6) ist durch seinen
süffigen ›Morgentau‹ bekannt, das
Ergebnis eines Destillations- und
Mischprozesses. Heraus kommt dabei
»Tullamore Dew«, eine der großen
irischen Whiskeymarken. Der **Grand
Canal** ermöglichte den Transport zu
den durstigen Kehlen in aller Welt.
Heute wird bei **Tullamore D.E.W.** das
Loblied auf das Lebenswasser gesungen
(Ballard, T 057 931 97 60, www.
tullamoredew.com, Mo–Sa 10–18, So
und feiertags 11–17 Uhr, Führung mit
Verkostung 35 €).

*Torf – auch im 21. Jh. noch Heizmaterial und oft in mühsamer Handarbeit in den Midlands abgebaut*

## … und noch mehr Whiskey

**Kilbeggan** (📖 E 5) ist an sich nur ein Fleck auf der Landkarte, zieht aber die Liebhaber des Whiskeys an – seit 1757 wird in **Locke's Distillery** (T 01 833 28 33, www.kilbegganwhiskey.com, April–Okt. tgl. 9–18 Uhr, Nov.–März 10–16 Uhr, ab 15 €) ein edler Tropfen hergestellt. Das Whiskey-Museum in den alten Gebäuden vermittelt alles Wissenswerte und auch, was Sie nie wissen wollten: etwa, dass die Arbeiter früher in den Fässern baden durften.

### 🍴 Überraschend gut
**Restaurant in Locke's Distillery**
Altmodisch, aber preislich und qualitativ empfehlenswert – hier gibt es irische Hausmannskost in Sattmachportionen (was bei mir schon einiges heißt), Hauptgerichte schon für um 10 €.

### Neid auf den Nachbarn
Das herrschaftliche **Belvedere House** südwestlich von **Mullingar** (📖 E/F 5) wird heute vor allem als Naherholungsgebiet genutzt (www.belvedere-house.ie, 8 €). Die weitläufigen Parkanlagen bieten viele ausgeschilderte und thematisch gestaltete Wege. Die beeindruckende Ruine am Eingang allerdings ist gar keine: Die sogenannte **Jealous Wall** (›Mauer der Eifersucht‹) wurde Mitte des 18. Jh. als gotische Phantasie von Robert Rockford gebaut, damit er nicht länger das Prunkgebäude seines Bruders nebenan sehen musste.

### 🍴 Bunte Speisekarte
**Dominik's Restaurant**
Modernes, freundliches Restaurant mit international angehauchter und qualitativ hochwertiger Küche.
37 Dominick St., Mullingar, T 044 939 66 96, www.mullingar.ie, Di–Sa 17–22, So 13–21.30 Uhr | €€, Menü €€€

### Wunderbares Fore
Irlands wundersamster Ort liegt im County Westmeath, wo **Fore Abbey** (📖 F 5) den größten Anziehungspunkt bildet. Die riesige Abteiruine (tagsüber geöffnet) im landschaftlich reizvollen

**ÜBRIGENS**

**Moneygall** (📖 E 7) in Offaly ist der Ort, aus dem Barack Obamas Vorfahren kommen. Das würdigt man heute mit einer großen Tankstelle samt Mini-Museum.

Nichts wurde von den Benediktinern im 14. Jh. ausgebaut. Beeindruckend ist heute noch das ›Columbarium‹ – die Tauben wurden nicht gefüttert, sondern gefuttert. Der kleine Ort **Fore** selber ist durch seine ›Sieben Wunder‹ bekannt, darunter ein bergauf fließender Bach (eine optische Täuschung) und ein unbrennbarer Baum (bitte nicht testen).

# Kildare 📖 F 6

**Kildare, eine an sich verschlafene, stellenweise richtig altmodisch wirkende Kleinstadt, ist für das religiöse und sportliche Leben Irlands von ungeheurer Bedeutung.**

### Die Heilige Brigid
Die unübersehbare **Kathedrale** in der Ortsmitte ist der hl. Brigid geweiht. Sie wurde dort erbaut, wo die ›Maria Irlands‹ im Jahr 480 ein Kloster gegründet hatte, in dem Mönche und Nonnen unter einem Dach lebten. So

# 4

# Das Kloster an der Kreuzung – **Clonmacnoise**

**Warum ein Kloster mitten im Nichts? Der Ort verdankt seine Lage vor allem der zumindest seinerzeit idealen Verkehrsanbindung. Als St. Ciarán um 540 seine klerikale Siedlung etablierte, lag hier eben Irlands Verkehrsknotenpunkt Nummer eins. Die Nord-Süd-Wasserstraße des Shannon kreuzt den Esker Riada, einen natürlichen und sicheren Weg durch die Moore von Westen nach Osten.**

Wenn Sie sich heute nach **Clonmacnoise** aufmachen, werden Sie von der ›idealen Verkehrsanbindung‹ leider kaum mehr etwas merken, sondern eher herzhaft fluchen. Die dorthin führende R444 ist nicht gerade eine Autobahn. Der Verkehr auf dem Shannon, den Sie hier allenfalls schwimmend queren könnten, beschränkt sich auf Freizeitkapitäne in Hausbooten. Nur die Multimediaschau im **Informationszentrum** 1 macht deutlich, wie wichtig der Ort einst war.

## Nicht mehr verkehrstauglich

Seine Blütezeit ist lange vorbei, sie lag zwischen dem 7. und dem 12. Jh. Damals war das Kloster zeitweise Irlands Nummer eins, Hort der Weisheit und Gelehrsamkeit, Begräbnisstätte von Königen, ausgestattet mit reichen Schätzen. Das zog Wikinger und religiös liberalere Iren an, die das Kloster wiederholt ausraubten und niederbrannten. Als der Ort Athlone der neue Verkehrsknotenpunkt wurde, geriet Clonmacnoise in Vergessenheit, verfielen die Gebäude zu Ruinen – so auch das recht wackelig erscheinende **Clonmacnoise Castle** .

Eben diese Ruinen ziehen heute Besucher an. Die von einer Mauer umgebene **Klosteranlage** weist die Reste einer Kathedrale, mehrerer Kirchen, dreier Hochkreuze und, an der nordwestlichen Umfriedungsmauer gelegen und so über den Shannon weit sichtbar, zweier Rundtürme

**Ü**
**ÜBRIGENS**

Der absolut hässliche **Betonpavillon** im historischen Kloster wurde 1979 errichtet, um **Papst Johannes Paul II.** vor dem irischen Wetter zu schützen.

auf – klingt gigantisch, ist aber alles auf kleinem Raum kompakt zusammengefasst. Dazu reichlich alte, romantisch verwitterte Grabsteine. Selbst der **Pilgerweg zu Ciarán** ist noch deutlich erkennbar. Ein Ort, den Sie in Ruhe auf sich wirken lassen sollten, um dann seine kleinen Details zu entdecken. Etwa den Eingang zur Kathedrale, über dem Franziskus, Patrick und Dominik thronen, und dessen Tür als die ›Flüstertür‹ *(Whispering Door)* bekannt ist: Man soll dort ein geflüstertes Wort noch in einiger Entfernung hören können. Also lieber kein Geheimnis ausplaudern!

*Rundturm in den Ruinen der ›Klosterstadt‹ Clonmacnoise*

## Nun's Church: nur für Frauen?

Wirkliche Ruhe finden Sie abseits des Touristenverkehrs. Nördlich des Klosterbereiches der Mönche liegt ein zweites kirchliches Areal versteckt, eine wunderschöne romanische **Kirchenruine**. Sie war den Nonnen vorbehalten. Wenn Sie vom **Temple Ciarán** 3 dem **Pilgerweg** 4 bergab und durch die Umgrenzungsmauer folgen, kommen Sie automatisch dorthin. Wobei ich mich frage, ob Mönche und Nonnen dort nicht auch näheren Kontakt pflegten. Bevor das kontinentaleuropäische Klosterleben Mitte des 12. Jh. importiert wurde, soll es in den irischen Klöstern recht lustig zugegangen sein.

Ein Spaziergang zur **Nuns' Church** 5 lohnt sich. Dort erwartet Sie ein echtes Stück verstecktes Irland mit Steinmetzarbeiten, die viele berühmtere Ruinen in den Schatten stellen.

**INFOS/ÖFFNUNGSZEITEN**
**Informationszentrum** 1: Tgl. mind. 10–17 Uhr, Eintritt 8 €, T 090 967 41 95, www.heritageireland.ie

**KULINARISCHES FÜR ZWISCHENDURCH**
Ein kleines **Café** 1 im Informationszentrum bietet Snacks und in der Regel auch einen Teller warme Suppe an. Knabbereien und Sweeties aus der Tüte gibt es auch im **Laden** gegenüber dem Parkplatz | €.

**Faltplan:** E 6 | Klosterstadt am Kreuzweg, ca. 90 Min.

heißt es zumindest, denn eventuell war Brigid auch nur eine vom Christentum übernommene irische Göttin. Etwas außerhalb, nahe dem Eingang zum Irish National Stud (s. u.), findet sich **St. Brigid's Well,** eine heilige Quelle mit lebensgroßer Statue der Heiligen mit Flamme in der Hand.

### Pferdezucht und Astrologie
Selbst mich als Nicht-Pferde-Fan begeistert der **Irish National Stud** (T 045 512 617, www.irishnationalstud.ie, tgl. 9–18 Uhr, Winter kürzer, 14 €), wo um 1900 der exzentrische Colonel William Hall-Walker mit der Rennpferdezucht nach astrologischen Kriterien begann. Ein Museum erzählt die Geschichte. Weitere Attraktionen sind die **mittelalterliche Kirche, St. Fiachra's Garden** und der wunderbare **Japanische Garten,** der wie eine Meditation über den Lauf des Lebens angelegt wurde – nur durch das Gehen auf dem markierten Weg kommt man hier zum Verstehen.

### ⌂ Übernachten und speisen
**Silken Thomas Accommodation**
Ordentliche Unterkunft in einem historischen Haus aus dem 18. Jh., wenige Schritte von der Kathedrale entfernt. Die **Silken Thomas Bar** und das beliebte **Restaurant Chapter 16** sind nebenan. The Square, T 045 522 232, www.silkenthomas. com | €€

· · · · · · · · · · · · · · · · · · · · · · · · · · · · · · · · · · · · · · · · · · · ·

## IN DER UMGEBUNG

· · · · · · · · · · · · · · · · · · · · · · · · · · · · · · · · · · · · · · · · · · · ·

### Herrlicher Hügel
Weitgehend vom Massentourismus verschont geblieben ist der **Rock of Dunamase** östlich von **Portlaoise** (◫ F 6), obwohl er mit dem bekannteren Rock of Cashel (▸ S. 48) durchaus mithalten kann. Der fast 50 m hoch plötzlich aus der Ebene aufragende Fels trägt nämlich die Ruinen einer irisch-normannischen Festung aus dem 12. Jh. Die weitläufige und teilweise herrlich überwucherte Anlage wurde in Cromwells Zeit geschliffen, besteht aber als romantische Ruine weiter (Eintritt frei).

### ⊎ Köstlich süß
**Chocolate Brown**
Hauptniederlassung einer örtlichen Minikette Von süß bis herzhaft gibt's hier alles für den kleinen Hunger zwischendurch. 93 Main St., Portlaoise, T 057 932 99 50, www. chocolatebrown.ie, Mo–Fr 7.30–18, Sa ab 8, So 11–17 Uhr | €

### Pferde und Dampfmaschinen
in **Stradbally** (◫ F 6) bietet das hochherrschaftliche **Stradbally Estate** (www.stradballyhall.ie) Reitmöglichkeiten, Paintball, Angeln und die Stradbally Hall Narrow Gauge Railway, die älteste Museumsbahn in Irland (Infos zum Zugbetrieb: www.irishsteam.net). Das Museum der **Irish Steam Preservation Society** (ISPS Steam Museum, The Green, T 057 864 18 78, www.irish steam.net, unregelmäßig geöffnet, 5 €) zeigt Dampffahrzeuge und -maschinen.

# Wicklow Mountains ◫ G 6

**Die Wicklow Mountains mit fichtenbestandenen Gletschertälern, rauen Hochebenen, abgerundeten Gipfeln und kleinen Gebirgsseen erreichen mit dem Lugnaquilla eine Höhe von 926 m.**

### Berge …
Der **Wicklow Mountains National Park** soll diese Idylle bewahren. Ihn durchziehen ausgeschilderte Wanderrouten. Eine Rundtour per Auto ist auch möglich: Sie beginnt zum Beispiel auf der Military Road an der R115, die über **Glencree** mit seinem deutschen Kriegsfriedhof steil hinauf in die Berge führt, sich über die einsame **Sally Gap** windet und in Laragh und **Glendalough** mit seiner Klostersiedlung (▸ S. 38) endet. Der **Wasserfall von Glenmacnass** ist inklusive. Von Laragh können Sie der R756 folgend nach Westen über die **Wicklow Gap** in Richtung Hollywood und Blessington fahren.

## Täler …

Von Laragh führt auch die R755 nach Süden in das **Tal von Clara** (🗺 G 6), folgt dem Verlauf des Flusses Avonmore und geht langsam in das **Tal von Avoca** (🗺 G 7) über. Idylle pur, gezähmt im **Avondale Forest Park** (T 0404 461 11, www.beyondthetrees avondale.com), in dem der Landsitz des irischen Politikers Charles Stewart Parnell heute ein Museum ist. Aussichtsturm und Wipfelwanderweg begeistern die Schwindelfreien (14 €).

Etwas weiter folgt **The Meeting of the Waters,** der wirklich romantische Zusammenfluss zweier Ströme, den auch ein unsensibel ausgebautes Gasthaus nicht verschandeln konnte.

### 🏠 Traditionell im Tal
**Woodenbridge Hotel**

Angeblich das älteste Hotel Irlands, seit 1608 wurde es gelegentlich renoviert, ist aber dennoch herrlich altmodisch mit ganz eigenem Charme.

Vale of Avoca, T 0402 351 46, www.wooden bridgehotel.com | €€

## … und Küste

**Wicklow** (🗺 G 6) ist eine geruhsame Stadt, doch der Ausblick über das Meer von einem Aussichtspunkt hoch über dem Hafen lohnt sich. Ein Besuch im **Wicklow Historic Gaol** (Kilmantin Hill, T 0404 615 99, www.wicklowshistoric gaol.com, tgl. 10 Uhr, ab 11,90 €), Irlands interaktivem Gefängnismuseum lehrt hingegen recht schön das Gruseln – unvergesslich!

# Carlow 🗺 F 7

**Mit rund 20 000 Einwohnern ist Carlow für irische Verhältnisse zwar groß, aber dennoch eher unspektakulär.**

## Lieber in den Pub

Von der **Burg** am Castle Hill sind nur wenige Reste erhalten, das **Carlow County Museum** (College St., www. carlowmuseum.ie) ist unspektakulär.

Ü
ÜBRIGENS

In den Wicklows können Sie noch altmodischen ›Zigeunerwagen‹ begegnen: traditionelle Barrel Top Caravans mit einem kleinen Zugpferd. Darin sind keine indigenen Nomaden, sondern Urlauber auf einem fast asketischen Nostalgietrip. Vermietung u. a. bei www. clissmannhorsecaravans.com.

Ein Kneipenbummel kann sich hier allerdings lohnen: Der Ort hat ein großes Angebot an Pubs mit regelmäßigen traditionellen Sessions (Termine in Klammern). Empfehlenswert sind die **Carlovian Bar** (Tullow St., 1. Fr im Monat), **Miller's** (Tullow Rd., So), **Peggy's Place** (Dublin St., Do und Sa), **The Royal Hotel** (Dublin St., Di), **Scraggs Alley** (Tullow St., Mi), das **Seven Oakes Hotel** (Athy Rd., Mo) und **Teach Dolmain** (Tullow St., Do).

## Steinriese

Hauptanziehungspunkt im County Carlow ist der **Browne's Hill Dolmen,** etwa 4 km östlich von Carlow an der R726. Er ist der größte Dolmen in ganz Irland. Allein der riesige Stein, der die kleine Kammer abdeckt, soll rund 100 t wiegen. Das wuchtige Ensemble wurde vor vier Jahrtausenden errichtet.

## Mini-Ketten-Café
**Quigleys**

Irlands Antwort auf Starbucks … eines von 16 Cafés der bodenständigen Bäckerei, modern und hell mit leckeren Sandwiches und süßen Teilchen.

Shamrock Plaza, Shamrock Sq., Mo–Sa 9–17 Uhr | €

## ❶ Termin

Trubel herrscht beim **Carlow Arts Festival** (www.carlowartsfestival.com) Mitte Juni, einem Kulturfestival mit buntem, multikulturellem Programm.

# Keine Ruhe im Tal der zwei Seen – **Glendalough**

**Der Heilige Kevin wollte nur seine Ruhe haben und floh konsequent in die Einsamkeit. Er fand sie dann inmitten der Wicklow Mountains. Auch heute ist der längste Gebirgszug Irlands schwer zugänglich und verspricht selige Stille abseits des Trubels. ›Gleann Dá Loch‹ bedeutet übrigens ›Tal der zwei Seen‹, aber das haben Sie nach einem kurzen Blick auf die Landkarte bestimmt schon geahnt. So leicht kann Irisch sein!**

Zurück zu Mönch Kevin. Angeblich weilte er von 498 bis 618 auf Erden und hatte Zeit seines langen Lebens nur ein Ziel: weit weg von der Welt und ihren Ablenkungen in Kontemplation versinken. Also machte er sich irgendwann in die abgelegenen Wicklow Mountains auf, fand in **Glendalough** eine nette Einzimmerhöhle und ließ sich dort nieder. Die Höhle, wahrscheinlich ein Grab aus der Bronzezeit, ist heute noch als **St. Kevin's Bed** `1` zu finden. Sie maß gerade mal 1,5 x 1,0 m: Nur Großstadtbewohner kennen noch solche ›luxuriösen‹ Schlafstellen.

*Wie Kevin es wollte – Ruhe am See*

## Trautes Heim, Glück allein. Ganz allein.

Das asketische Leben hörte da aber nicht auf. Denn der jetzt glücklich einsame Kevin hatte, wollte sogar, allenfalls Tiere als Gefährten. Er aß, was er so fand (heute nennt man das die ›Paleo-Diät‹) und kleidete sich in Felle. Ein echter Waldschrat vor dem Herrn, gesegnet mit engelhafter Geduld: Als er einmal mit ausgestreckten Armen im See stehend meditierte, ließ sich eine Amsel auf seiner Hand nieder. Kevin blieb still stehen, ließ den Vogel ein Nest bauen, Eier legen, ausbrüten und die Jungen großziehen, bevor er wieder an Land stapfte. Wer's sprichwörtlich glaubt, wird selig.

Die Kunde vom Extrem-Eremiten verbreitete sich jedoch schnell im Lande, und bald machten sich seine Fans auf den Weg, um bei ihm Rat

**Glendalough** hatte auch in Wikingerkreisen einen guten Namen – das zweitgrößte (bekannte) Langschiff wurde mit Holz aus dem Tal gebaut, eine Replik liegt heute in Roskilde.

zu suchen. Recht zudringlich! Eine Frau wollte ihn sogar verführen – dem Groupie erging es schlechter als der Amsel, denn Kevin ertränkte sie im See. Das nahm ihm wohl niemand richtig übel, und langsam bildete sich eine Klostergemeinschaft unter seiner Führung. Der kehrte er auch zeitweise wieder den Rücken: zu viel Trubel.

## Trubel, damals und heute

Sie werden den kauzigen Kevin verstehen, wenn Sie sich vor Ort ansehen, was für ein klerikaler Rummelplatz das **Kloster** 2 hier gewesen sein muss: Nicht weniger als sieben Kirchen, drei Rundtürme (zwei nicht freistehend), Hochkreuze, Mönchshorden, Pilger, Souvenirverkäufer … Also fast wie heute, nur eben mit Ruinen statt Gebäuden.

Aber Ruhe können Sie hier immer noch finden – je weiter Sie sich auf den guten Wanderwegen vom **Besucherzentrum** 3 entfernen, desto näher kommen Sie Kevins Idealvorstellung der Idylle. An Sommerwochenenden allerdings sollten Sie Glendalough meiden. Die Besucherfrequenz macht dann Kevins Mordtat sehr verständlich.

**Ü**
ÜBERSE-
HEN

Die herrliche Ruine der **Trinity Church** 4, östlich der Klosteranlage an der Straße nach Laragh gelegen, wird meist übersehen – ist aber den kurzen Fußmarsch wert!

---

INFOS/ÖFFNUNGSZEITEN

Die **Klosteranlagen** 2 von Glendalough sind tagsüber vollständig zugänglich und können kostenlos besichtigt werden. Eintrittsgeld wird lediglich für das (interessante) **Besucherzentrum** 3 erhoben (T 0404 453 52, www.heritageireland.ie, tgl. 9.30–17, Mitte März–Mitte Okt. 18 Uhr, 5 €).

KULINARISCHES FÜR ZWISCHENDURCH

Absolut empfehlenswert ist das Pub-Restaurant **Wicklow Heather** 1 (Glendalough Rd., Laragh, www.wicklowheather.ie, tgl. von 8 bis mind. 21.30 Uhr | €–€€). Im urigen Ambiete wird qualitativ hochwertige Hausmannskost zu durchaus moderaten Preisen serviert.

Faltplan: G 6 | Seespaziergang mit spirituellem Hintergrund, mind. 2 Std.

# Irlands Süden

Der irische Süden von Wexford bis Kerry ist Bade-, Urlaubs- und Freizeitparadies. Schier endlose Strände laden zum Verweilen ein, Herausforderungen bieten Berge oder Meeresklippen, das vom Golfstrom bestimmte Klima ist mild. Aber: Im Sommer brummt es hier; dann sind bezahlbare Betten kurzfristig kaum zu finden.

# Wexford 🗺 G 8

**Wenn nicht gerade Oper gegeben wird, dann ist Wexford recht ruhig. Zu ruhig für viele, aber die alte Wikingerstadt ist dennoch einen Abstecher wert. Dabei aber nie mit dem Auto in die schmalen Gassen der Innenstadt geraten, das Gekurve raubt den letzten Nerv.**

Interessant sind die Reste der Stadtmauer am Westgate, neben der Selskar Abbey, beide Ensembles sind einen Schnappschuss wert. Mein Shoppingtipp ist die **Markthalle** aus dem 18. Jh. am Bull Ring, heute noch von fliegenden Händlern genutzt. Und die Kirche St. Iberius von 1760 in der North Main St. (tagsüber geöffnet) ist allein wegen ihrer opulenten Innengestaltung sehenswert, zumal gleich gegenüber Aunty Nellie's, ein altmodischer Süßwarenladen, lockt.

### 🛏 B & D mit Burgmauer
**Faythe Guest House:**
Im 19. Jh. auf dem Grund einer Burg gebaut (eine Mauer ziert den Garten), verwinkelt und mit altmodischen, aber komfortablen Zimmern. Das Frühstück mit Fischspezialitäten ist ein Genuss!
Swan View, Wexford, T 053 912 22 49, www.faytheguesthouse.com | €€

### 🍴 Irische Küche
**Cistín Eile**
Vielleicht das Beste, was Wexford kulinarisch zu bieten hat, dazu noch lokale Spezialitäten … wenn auch mit Preis.
80 South Main St., Wexford, T 053 912 16 16, Mo–Sa 12–22 Uhr | €€–€€€

**ÜBRIGENS**

In Wexford kann man bei Gesprächen zwischen Einheimischen noch *Yola* hören, eine altertümliche Version der englischen Sprache.

## INFO'S UND TERMINE

**Tourist Information Wexford:** The Quay Front, T 053 912 31 11, www.visitwexford.ie.
**Wexford Strawberry Fair Festival:** Ende Juni dreht sich alles um die Erdbeere (und Entertainment), bis man keine mehr sehen kann.
**Opera Festival:** Jeden Oktober gibt Wexford das (www.wexfordopera.com) das Bayreuth Irlands – rechtzeitig Unterkunft und Karten buchen!

## IN DER UMGEBUNG

### Blick in die Vergangenheit
Im **Irish National Heritage Park** (▶ S. 44) nordwestlich von Wexford an der N11 erhält man einen Einblick in Irlands Vergangenheit.

### Rebellenzentrum
Der kleine Ort **Enniscorthy** (🗺 G 8) mit seinen steilen Gassen am Fluss Slaney hat sich vor allem durch die Rebellion von 1798 ins irische Gedächtnis geschrieben. Die hauptsächlich mit Spießen ausstaffierten Rebellen traten am **Vinegar Hill** (45 Min. Fußweg vom Ortszentrum) gegen rund 20 000 gut ausgebildete britische und hessische Soldaten an … und wurden vernichtet.
Im **National 1798 Rebellion Centre** erfährt man, multimedial aufbereitet, ohne viel Artefakte, alles Wesentliche zu den geschichtlichen Zusammenhängen (Mill Park Rd., T 053 923 75 96, www.1798centre.ie, Mo–Fr 9.30–17 Uhr, Sa–So 12–17 Uhr, 6 €).

### Fischerromantik mit Inselblick
**Kilmore Quay** (🗺 G 8), wo die R739 am Wasser endet, ist ein alter, noch immer aktiver Fischereihafen mit ganz eigenem Reiz dank Sandstrand, Seefahrerromantik und Booten, die Ausflüge auf die Saltee Islands anbieten. Unter Kennern hat sich das Nest am Ende der Welt als kulinarischer Geheimtipp herumgesprochen!

*Meditation am Leuchtturm von Hook Head*

### 🔴 Fisch frisch
**Mary Barrys Seafood Bar**
Restaurant im Dorf für Fischliebhaber:
relativ schnörkellos zubereitet kommt
der Außenbordkamerad auf den Teller,
weiß aber auch Gourmets zu begeistern.
Tischbestellung im Sommer empfohlen.
Kilmore Village, T 053 913 59 82, www.mary
barrys.ie | €€–€€€ (auch Takeaway)

# Halbinsel Hook

📖 F 8

**Unbedingt eine Rundfahrt wert
ist die Hook Peninsula. Sie ist nur
etwa 60 km lang, kann aber den
ganzen Tag beschäftigen.**

## WAS TUN AUF DER HALBINSEL?

Einen Ausflug ins hohe Mittelalter
bietet hier die **Tintern Abbey** (T 051
562 650, www.heritageireland.ie,
März–Nov. tgl. 10–17 Uhr, 5 €), von
normannischen Eroberern als Dank für
ihre Rettung aus Seenot errichtet. Heute
merkt man kaum, wie nah am Meer hier
eigentlich gebaut wurde.
Der Höhepunkt ist das **Hook Lighthouse** (T 051 397 055, www.hook
heritage.ie, tgl. 9.30–17, im Sommer bis

18 Uhr, Führung 10 €), ebenfalls aus
normannischer Zeit und einer der ältesten Leuchttürme der Welt – seit rund
800 Jahren in Betrieb. Die aktive Anlage
kann besichtigt werden, ein Café im
Haus bietet leckere Mahlzeiten.

### 🔵 Spazieren gehen
Oder man entschließt sich zu einem Spaziergang. Vorsicht – der Klippenrand ist
oft ungesichert und verdammt rutschig!

## IN DER UMGEBUNG

### Windjammer-Hafen
Die kleine, schmucke ›Hafenstadt im
Binnenland‹ **New Ross** (📖 F 8) zieht
Besucher seit einigen Jahren mit der
»**Dunbrody**« an, der Replik eines
Segelschiffs aus dem 19. Jh. (T 051 42
52 39, www.dunbrody.com, tgl. 9–17,
im Sommer bis 18 Uhr, 14 €). Wie die
Dubliner »Jeanie Johnston« wurde sie
nach dem Vorbild der Emigrantenschiffe
gebaut, die vor allem in den Zeiten der
Großen Hungersnot Hunderttausende
Iren ohne Luxus unter Lebensgefahr
nach Nordamerika brachten. Das
modernen Anforderungen angepasste
Schiff können Sie am Quay im Ortszentrum besichtigen. Daneben befindet sich
eine Ausstellung zur irischen Emigration
und sogenannten ›Diaspora‹.

# # 6

# Jahrtausende zu Fuß – **Irish National Heritage Park**

**Irische Geschichte können Sie an vielen Orten auf vielerlei Arten studieren – oder sie sich an einem Tag beim gemütlichen Spaziergang ›live‹ erwandern und mittendrin das Damals erleben. Das jedenfalls verheißen bei Wexford original-getreue Nachbauten typischer Siedlungen, von der Steinzeit bis zu den Wikingern.**

Damit Sie nicht durcheinanderkommen, hat der **Irish National Heritage Park (INHP)** ein recht cle-veres Konzept entwickelt. Abgesehen von kon-ventionellen Touren mit Führern können Sie sich im Besucherzentrum einfach einen Audioguide schnappen und sich dann mit dem mystischen (und manchmal urkomischen) Tuan McCarroll auf den Marsch begeben. Ein Reinkarnationskünst-ler, der laut eigener Aussage die ganze irische Geschichte miterlebt hat. Geschichten erzählen konnten die Iren schon immer. Man muss sie ja nicht unbedingt für bare Münze nehmen.

Allerdings biegt Tuan im INHP auch manche verquere Mythologie wieder zurecht. So räumt er mit den Legenden von den Druiden als Stein-kreisarchitekten auf. In der dazugehörigen Illus-tration auf den Informationstafeln tritt er dann auch konsequent einem Druiden kräftig in den Hintern. So macht Geschichte Spaß. Gut, dem Druiden vielleicht nicht …

*Frühe irische Eigenheime – der prähistorische Teil des INHP*

## Rekonstruktionen

Natürlich ist nichts im Park wirklich echt, alles ist Nachbau, teils sogar nur Kulisse. Das fällt allerdings allenfalls bei der etwas enttäuschenden **anglo-normannischen Burg** auf, dem vielleicht schwächsten Teil des Parks und nach einem beschwerlichen Anstieg der Endpunkt der Besichtigung. Aber für die Zeit zwischen den uns unbekannten ersten Siedlern und den lebenslustigen Wikingern (immerhin hatten die eine Taverne am Flussufer), ist der INHP eine sehr gute Rekonstruktion der einstigen Verhältnisse.

*Buntes Kreuz – durchaus historisch korrekt*

Manchmal auch überraschend gut: Im mittelalterlichen **Klosterbezirk** finden Sie etwa die Replik eines Hochkreuzes mit kunterbunt bemalten Bildszenen und Knotenmustern. Künstlerische Freiheit? Keineswegs: Die echten Hochkreuze waren wirklich so farbenfroh, denn der graue Stein allein lockte keinen Heiden hinter dem Opferaltar hervor. Aber vielleicht hatten die Mönche auch nur Langeweile, wie manch aufwendige Verzierung in Manuskripten vermuten lässt.

## Information und Vorstellungskraft

Insgesamt ist der Park die vielleicht lehrreichste und auch anschaulichste Exkursion in die irische Geschichte, die Sie erleben können. Vor allem außerhalb der Saison, wenn wenig Besucher unterwegs sind (und festes Schuhwerk Pflicht), ist er mit seinen ausgedehnten Naturbereichen sehr erholsam und trotz aller Informationen nicht anstrengend. Man kann seiner Phantasie hier auch freien Lauf lassen und sich bei einem Spaziergang auf den **Wällen des Ringforts** die mystischen Druiden vorstellen. Das muss man ja Tuan nicht anvertrauen. Der Allerwerteste wird es danken.

ÜBRIGENS

Nicht alle Gebäude im Park sind in bestem Zustand, und das ist Absicht – Teile werden gelegentlich zur archäologischen Forschung dem Verfall überlassen.

INFOS/ÖFFNUNGSZEITEN

Der **Irish National Heritage** Park liegt in Ferrycarrig, etwa 5 km außerhalb von Wexford an der Hauptstraße nach Dublin (N11); T 053 912 07 33, www.irishheritage.ie, Juli/Aug. 9.30–18.30, sonst 9.30–17.30 Uhr, 12,50 €, Audioguide 2 €.

KULINARISCHES FÜR ZWISCHENDURCH

Im Eingangsbereich des Parks befindet sich ein gutes **Restaurant** | €–€€.) Vorsicht am Sonntag – das Bratenmenü lockt viele Besucher aus der Umgebung, und das Restaurant (ohne Eintrittskarte zugänglich) ist dann schnell proppenvoll.

**Faltplan:** G 8 | Begehung der irischen Geschichte, mindestens 2 Std.

### 🍴 Preiswert satt
**Cafe In a Nutshell**
Gutes Frühstück, süße Backwaren ab etwa 11 Uhr. Suppen, Salate, Quiches und einige klassische Tellergerichte ab Mittag.

8 South St., New Ross, T 051 42 27 77, Di–Sa 9–18 Uhr | €€

# Waterford 🗺 F 8

**Das schon 914 von den Wikingern als sicherer Hafen gegründete Waterford wurde lange sich selbst und dem Verfall überlassen. Das ist vorbei. Die Innenstadt wurde renoviert und Kultur wie Handel reaktiviert. Das hat die Stadt mit dem großen Yachthafen im Binnenland wieder attraktiv gemacht.**

### Historische Schätze
Auch die Museumswelt wurde aufgemöbelt: An drei Orten finden Sie heute die **Waterford Treasures** (T 051 849 501, www.waterfordtreasures.com, Mo–Fr 9–18, Sa 9.30–18, So und feiertags 11–18 Uhr, etwas kürzer Sept.–Mai, 10 €). Der Wachturm **Reginald's Tower** am Hafen widmet sich der Wikingerzeit, das **Medieval Museum** in einem alten Chor und Weinkeller stellt das Mittelalter dar, und im ehemaligen **Bischofspalast** werden die Ereignisse der Neuzeit beleuchtet. Der Stadtrundgang ist gewissermaßen inbegriffen, da man ein wenig zu Fuß unterwegs ist. Der markierte Rundweg beginnt am Wachturm, The Mall.

**Ü
ÜBRIGENS**

Der **Reginald's Tower,** 1103 vom Wikingerfürsten Ragnall errichtet, soll das erste mit Mörtel (aus Flussschlamm, Kalk, Tierhaaren und Blut) errichtete Gebäude Irlands gewesen sein.

### Kristall
Ob sich ein Besuch im **House of Waterford Crystal** (28 The Mall, www.waterfordvisitorcentre.com, 16,50 €) wirklich lohnt, bleibt diskutabel – ein echtes Muss ist es für mich persönlich nicht.

### 🍴 Satt mit Stil
**McLeary's Restaurant**
Da sage noch jemand, die Iren könnten nicht kochen: traditionelle und ›europäische‹ Küche mit Pfiff.

122 Parade Quay, T 051 853 444, www.mclearys.ie, Mo–Fr 17–22, Sa 12–22 Uhr | €€

················································
### INFOS UND TERMINE
················································

**Touristeninformation:** 120 Parade Quay, Waterford City, T 051 875 823. **Spraoi:** Das Kulturfest am ersten Augustwochenende lockt die Massen mit Straßentheater und Weltmusik in die Stadt (www.spraoi.com).

················································
### IN DER UMGEBUNG
················································

### An der Küste
Im Süden von Waterford sind vor allem drei Orte einen Abstecher wert – direkt am Waterford Harbour (der Mündung des Suir ins Meer, nicht die Marina in der Stadt) liegt **Dunmore East** (🗺 F 8), ein beschauliches Städtchen mit einem herrlichen Blick auf den historischen Leuchtturm von **Hook Head.** Und an der nächsten Bucht westlich findet sich **Tramore** (🗺 F 8). Hier ist der Name Programm, übersetzt heißt der Ort schlicht ›großer Strand‹, und am Ort finden sich alles, was ein typischer altmodischer Badeort braucht. Inklusive des skurrilen »Metal Man«, einer überlebensgroßen Figur eines Seemanns als Navigationshilfe. Richtung Cork ist noch der **Rundturm von Ardmore** (🗺 E 9), einer der schönsten in ganz Irland, einen Stopp wert. Seine umlaufenden ›Bänder‹ aus Mauerwerk und die mit grotesken Gesichtern verzierten Kragsteine sind einmalig.

### 🍴 Traditionell und modern
**Esquire & Raglan Road**
Turbulenter Pub mit international gemischter Küche, vom Fang des Tages bis zu Curry. Im Esquire wird's teurer.
Little Market St., Tramore, T 051 38 13 24, esquiretramore.ie | €– €€

# Kilkenny 🗺 F 7

**Mittelalterlich – das ist das Attribut, das der Stadt Kilkenny meist verliehen wird. Historisch richtiger wäre ›schön altmodisch‹. Die Innenstadt von Kilkenny ist heute noch übersichtlich, in einer halben Stunde kann man alle Sehenswürdigkeiten zumindest von außen betrachten. Das wäre aber Hetzerei.**

### WAS TUN IN KILKENNY?

#### Auf die Burg …
Allein **Kilkenny Castle** (T 056 770 41 00, www.kilkennycastle.ie, tgl. 9.30–mind.17 Uhr, 8 €) kostet Zeit – die Führung durch die Wohnräume, die Bibliothek und das Esszimmer, aber auch durch die Kunstsammlung der **Long Gallery,** Anfang des 19. Jh. von den Butlers ausgebaut, ist ein Muss. Gleich gegenüber lockt dazu das **Kilkenny Design Centre** (T 056 772 21 18, www.kilkennydesign.com) mit Studios diverser Kunsthandwerker.

#### … und dann ins Zentrum
Im Innenstadtbereich lohnt vor allem das **Rothe House** (Parliament St., T 056 772 28 93, www.rothehouse.com, tgl. 10–17 Uhr, 7,50 €), ein Tudor-Kaufmannshaus in einem einst für Kilkenny typischen Baustil, heute als Museum genutzt. Stadtgeschichte, regionale Archäologie, und ein ›mittelalterlicher Garten‹ werden präsentiert.
Etwas weiter nördlich liegt die St. Canice gewidmete **Kathedrale** von Kilkenny, die im 13. Jh. im gotischen Stil und einen älteren Rundturm weiter nutzend errichtet wurde.

Interessant sind die Grabmale mit aufwendigen Dekorationen und der Aufstieg auf die 30 m hohen **Turm** – mit umwerfender Aussicht über die gesamte Stadt (T 056 776 49 71, www.stcanicescathedral.com, April, Mai und Sept. Mo–Sa 10–13 und 14–17, So nur nachmittags, Juni–Aug. Mo–Sa 9–18, So 14–18, andere Monate Mo–Sa 10–13 und 14–16 Uhr, So nur nachmittags, Kathedrale 4,50 €, Rundturm 4 €, Kombiticket 7 €).

### 🍴 Satt & glücklich

#### Designer-Café
**Kilkenny Design Centre**
Neben der *Foodhall* bietet das Restaurant im ehemaligen Burgstall eine große Auswahl an Snacks und warmen Gerichten, etwa Huhn und Brokkoli mit Lavistown-Käse überbacken. Als Tipp: leckerer Afternoon Tea (17,50 €).
Castle Yard, T 056 772 21 18, www.kilkennydesign.com/foodhall, 10–18 Uhr | €–€€

#### Trinken im Hexenhaus
**Kyteler's Inn**
Berühmteste Kneipe des Ortes im angeblich ältesten Gebäude von Kilkenny, das einst der ›Hexe‹ (wahrscheinlich eher Serienmörderin) Dame Alice Kyteler gehörte. Tagsüber auch rustikale Küche.

*Der Hurley – Schlaginstrument beim traditionellen Hurling, meist in Handarbeit erstellt*

St. Kieran's St., T 056 772 10 64, www.kytelers
inn.com, 12–0.30 Uhr | €€

······································
### INFOS UND TERMINE
······································

**Tourist Information:** Im Shee Alms-
house, Rose Inn St., Kilkenny, www.
kilkenny.ie, T 056 775 15 00
**Cat Laughs Comedy Festival:** Am
ersten Wochenende im Juni, ohne sehr
gute Englischkenntnisse witzlos, sonst
aber ein echter Brüller (www.thecat
laughs.com).
**Kilkenny Arts Festival:** Im August,
zehntägiges Kulturfestival mit buntem
Programm, manchmal schräg und schrill
(www.kilkennyarts.ie).

······································
### IN DER UMGEBUNG
······································

**Klerikales Kleinod**
**Jerpoint Abbey** (📖 F 8) (T 056 772 46
23, www.heritageireland.ie, März–Nov.
tgl. 9–16 Uhr, 5 €), liegt südlich von
Thomastown etwas abenteuerlich an
der N9 und ist ein echtes Juwel, wenn
auch in Ruinen. Es ist die vielleicht
schönste Klosteranlage aus dem irischen
Mittelalter, gegründet 1160 von Zister-
zienser-Mönchen. Der Kreuzgang aus
dem 15. Jh. mit seinen reich verzierten
Säulen allein lohnt schon den Besuch –
man sollte sich also Zeit nehmen, nicht
nur durchrasen.

**Ü**
**ÜBRIGENS**

Nahe Jerpoint Abbey soll in einem
Steingrab kein geringerer als Sankt
Nikolaus selbst liegen. Der alte
Stiefelfüller wurde, so geht die
örtliche Legende, posthum von
Kreuzrittern nach Irland verschleppt.
Beweise? Etwa so viele wie für die
reale Existenz des Osterhasen –
aber der Import dubioser Reliquien
blühte zu der Zeit ohnehin.

# Rock of Cashel

📖 E 7/8

**Der weltberühmte Rock of Cashel,
eine gewaltige Anlage auf einem
monolithisch emporragenden
Felsen, ist ein Potpourri architek-
tonischer Stile und Epochen.**

Der Felsen wurde in der Vorzeit als Ver-
sammlungsort und Verteidigungsanlage
genutzt, galt als Sitz der Könige von
Munster und ging 1101 als Bischofssitz
an die Kirche … bis 1647 Cromwell
eine Belagerung mit 3000 Hinrichtun-
gen beendete (T 062 614 37, www.
heritageireland.ie, tgl. 9–16.30, im
Sommer bis 17.30 Uhr, 8 €).
Die ältesten Teile wurden über die
Jahre so in die Gesamtanlage integriert,
dass man sie oft nicht sofort erkennt.
So der später als Kirchturm genutzte
Rundturm aus dem 11. Jh. oder die
etwas jüngere romanische Kapelle des
Cormac, in der ein Kampf zwischen
einem Löwen und einem Zentauren
dargestellt ist. Breitesten Raum nimmt
die **gotische Kathedrale** aus dem
13. Jh. ein.
Das **Cashel Folk Village** nebenan
(www.cashelfolkvillage.com, 8 €) ist
als Museum keine Offenbarung, aber
irgendwie herrlich skurril.

🏠 **Mitten drin**
**Cashel Lodge**
Kleines Haus zwischen dem Rock of
Cashel und der Hore Abbey, mit Schlaf-
sälen und Familienzimmern. Familien-
freundlich mit gehobenem Standard in
idealer Lage.
Rock House, Cashel, T 062 610 03, www.
cashel-lodge.com | €€

🍴 **Kontinentaler Klassiker**
**Chez Hans**
Abendrestaurant in ehemaliger Kirche.
Tagsüber bietet das kleinere Café Hans
nebenan eine eingeschränkte Speisekarte.
Moore Ln., Cashel, T 062 611 77, www.chez
hans.net | €€–€€€

*Majestätisch – der Rock of Cashel*

## IN DER UMGEBUNG

### Bunter Stilmix

**Cahir** ( E 8), eine kleine Marktgemeinde, ist vor allem durch das imposante **Cahir Castle** (Castle St., T 052 744 10 11, www.heritageireland.ie, tgl. mind. 9.30–16.30 Uhr, 5 €) auf einer Felseninsel mitten im Fluss Suir bekannt. Die mittelalterlich wirkende Burg wurde durch die Familie Butler mehrfach um- und ausgebaut, die Innengestaltung stammt teilweise erst aus dem 19. Jh. – verheerende Stilbrüche wurden aber vermieden. Komplett anders kommt das **Swiss Cottage** daher (Cahir Park, T 052 744 11 44, www.heritageireland.ie, März–Nov. tgl. 10–18 Uhr, 5 €), im 19. Jh. für die Butlers als ›ländliches Refugium‹ gebaut. Sehr schweizerisch

### Ü ÜBRIGENS

Ein streitbarer irischer Fürst machte sich einst dadurch unbeliebt, dass er die Anlage von Cashel in Brand steckte. Mit entwaffnender Ehrlichkeit gab er zu seiner Rechtfertigung an, er habe schließlich gedacht, dass der Bischof im Hause sei …

wirkt das Ganze nicht, eher nach den romantischen Ideen der damaligen Mode entworfen, mit ›natürlichen Formen‹ und unregelmäßig gebaut.

# Limerick D 7

**Limerick City ist die Stadt der Asche meiner Mutter. Nicht meiner Mutter, sondern eben »Angela's Ashes«, rührend verfilmt. Nur eben nicht in Limerick, denn die verarmte, altmodische und vor allem immer regnerische Stadt sucht man Dank urbaner Regeneration meist eher vergebens.**

## WAS TUN IN LIMERICK?

### Burg, Kathedrale …

Sehenswert ist vor allem das trutzige **King John's Castle** (King's Island, T 061 360 788, www.kingjohnscastle.ie, tgl. 9.30–16, Sommer bis 18 Uhr, 13 €). Die 1210 errichtete Zwingburg der Anglo-Normannen wird heute als Museum genutzt. Starke Mauern und eine Handvoll Türme vermitteln den Eindruck von Uneinnehmbarkeit. Die ein wenig südlich gelegene **St. Mary's Cathedral** (www.saintmaryscathedral.ie, tagsüber geöffnet, 5 €) wurde im 15. Jh. renoviert und erweitert, das romanische Westportal

*Irish Dancing – farbenfroh ist es immer*

stammt jedoch aus dem 12. Jh. Im Innenraum ist vor allem das reich verzierte Chorgestühl sehenswert – und der Blick vom fast 40 m hohen Turm ist die Mühe des Aufstiegs wert.

### … und dann die Kunst

Kunstfreunde sollten die **Limerick City Gallery of Art** (Pery Sq., T 061 31 06 33, gallery.limerick.ie, Mo, Mi, Fr 10–17.30, Di 11–17.30, Do 10–20.30, Sa 10–17, So 12–17 Uhr, feiertags geschl., Eintritt frei) mit ihrem bunten Mix internationaler und irischer Kunst, darunter Werke von Jack B. Yeats, ansteuern. Das **Hunt Museum** (Rutland St., T 061 31 28 33, www.huntmuseum.com, Di–Sa 10–17, So 11–17 Uhr, 10 €) zeigt unter anderem mittelalterliche Kirchenkunst aus ganz Europa und archäologisch interessante irische Artefakte von der Bronzezeit bis zum Mittelalter, dazu Bilder von Gauguin, Picasso und Renoir.

**C**
**CHEERS!**

In **Foynes** wurde der *Irish Coffee* erfunden: Mit unter dem Sahnehäubchen verstecktem Whiskey im zuckersüßen Kaffee sollten durchgefrorene Passagiere ›wiederbelebt‹ werden.

### Schnörkellos
**Maldron Hotel Limerick**
Modernes Dreisternehotel am südlichen Stadtrand in nicht unbedingt schöner Umgebung, aber mit Komfort und sicherem Parkplatz.
Southern Ring Rd, Roxboro, Limerick City, T 061 43 61 00, www.maldronhotellimerick.com | €€

### Uriges Ecklokal
**The Curragower Bar & Restaurant**
Restaurant am Shannon mit reichhaltiger Auswahl an Fischgerichten. Das Seafood Chowder ist ein schmackhafter Sattmacher.
Clancy Strand, Limerick, T 061 32 17 88, www.curragower.com, 12–20 Uhr | €–€€

### ❶ Infos
**Tourist Information Limerick:** 20 O'Connell St., T 061 31 75 22
**eva:** Die Ausstellung moderner Kunst präsentiert alle zwei Jahre im Frühjahr Neues und Retrospektives (www.eva.ie).

### IN DER UMGEBUNG

### Transatlantik-Historie
Bevor es den Shannon Airport gab, wasserte man auf der Transatlantikroute in **Foynes** (🗺 C 7). Ab den 1930ern nutzten riesige Flugboote den Shannon, um Passagiere aus Nordamerika auf irischen Boden zu bringen. Reste der Anlagen und ein nachgebautes Flugzeug bilden das **Foynes Flying Boat Museum** (T 069 654 16, www.flyingboatmuseum.com, Di–So 10–17 Uhr, 12 €) – toll für Technikfans.

# Cork 🗺 D 9

**Cork City hat Insellage, entstand als eine natürliche Festung im Fluss Lee. Die Innenstadt ist heute noch von Flussarmen im Norden und Süden begrenzt – und nicht unbedingt hübsch. Großflächige Zerstörungen änderten das Stadtbild immer wieder radikal. Oft gesichtslos, nicht irisch-individuell.**

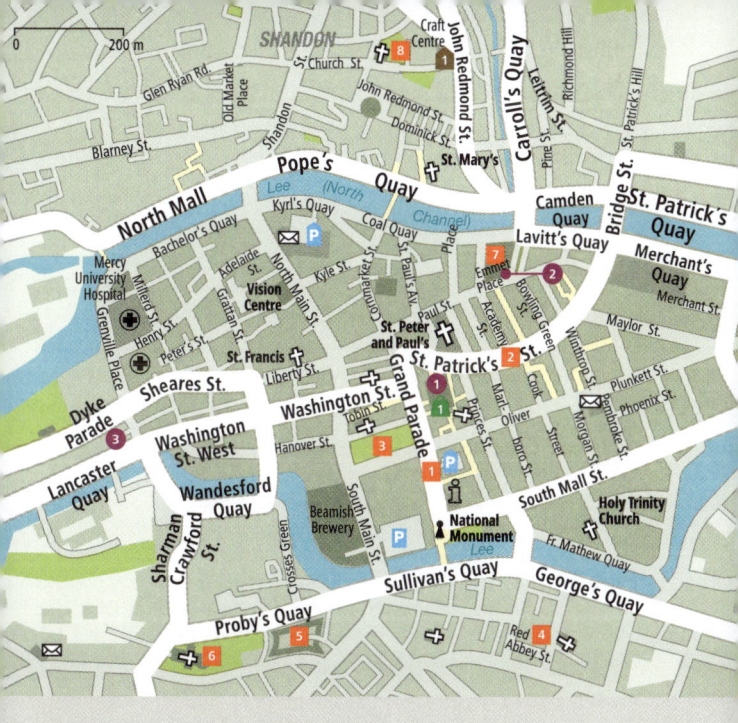

## CORK

........................................................

### WAS TUN IN CORK?

........................................................

#### Shoppen, alte Häuser und Kunst

Die Innenstadt haben Sie schnell erwandert: **Grand Parade** 1 und **St. Patrick's Street** 2 sind die Lebensadern der Stadt, der **Bishop Lucey Park** 3 birgt noch Überreste der Stadtmauer, die Ruinen der **Red Abbey** 4 aus dem 13. Jh. und das **Elizabeth Fort** 5 aus dem 16. Jh. sind Reminiszenzen an das alte Cork, auch die neogotische **St. Fin Barre Cathedral** 6 verdient einen Blick.

Ein paar Stunden wert ist die **Crawford Municipal Art Gallery** 7 (Emmet Pl., T 021 490 78 52, www.crawfordartgallery.ie, Mo–Sa 10–17, Do 20 Uhr, Eintritt frei) in einem ehemaligen Zollamt aus dem 18. Jh.; hier finden Sie irische Kunst aus dem späten 19. und frühen 20. Jh.

#### Einmal die Glocken läuten

In der Kirche **St. Ann's Shandon** 8 (Church St., T 021 450 59 06, www.shandonbells.ie, Juni–Sept. Mo–Sa 10–17, So 11.30–16.30, Nov.–Feb. Mo–Sa 11–15 und So 11.30–15, März–

# # 7

# Gemüse kaufen mit Stil – **Corks English Market**

›Englisch einkaufen‹ würde in Cork City wohl statt eines schnöden Diebstahls hier vielleicht den Bummel in einer der altehrwürdigsten und besten Markthallen des Landes bezeichnen. Der English Market ist aber weitaus mehr als ein Schlemmer-Shopping-Paradies, er ist ein buntes und verführerisches Highlight eines Besuchs in der sonst vielerorts so gesichtslosen Stadt Cork.

Der **English Market** 🛈 stammt aus dem 19. Jh., der wunderbare Eingangsbereich an der Princes Street wurde sogar erst 1862 errichtet. Schon seit 1788 wird an dieser Stelle vor allem Obst und Gemüse verkauft, Fisch und Meeresfrüchte bilden das zweite Standbein. Typisch für Cork ist die Tatsache, dass der English Market nach zwei Bränden in den 1980er Jahren renoviert werden musste – weniger typisch ist wiederum, dass diese Arbeit so umsichtig geschah, dass der viktorianische Charakter bewahrt und sogar mit einem Kulturpreis belohnt wurde. Es geht also doch!

## Der Markt als Lebensmittelpunkt

Was aber macht eine schnöde Markthalle nun zum Treffpunkt von Einheimischen, zum Zielpunkt von Touristen? Wer so etwas fragt, der lässt sicher auch die Markthallen in Budapest oder Stuttgart links liegen (den klobigen Frankfurter Bau reihe ich hier trotz seines feinen Inhalts nicht ein). Kurz gesagt sind solche Markthallen eben mehr als ein Supermarkt oder eine Aneinanderreihung von Tante-Emma-Läden. Es geht um das Flair, die Atmosphäre. Letztere auch ganz wörtlich, denn fast alle Sinne werden in Anspruch genommen. Düfte aus aller Herren Länder (und Meere) vereinen sich zu einem ganz eigenen Aroma, in dem man herrlich schwelgen und Tee oder Kaffee genießen kann, während man Seite an Seite mit geschwätzigen Rentnerinnen und kurz ausspannenden Händlern sitzt. Mitten im Leben!

**BETRUG?**

2014 kam es zu einem Skandal: Im English Market wurde **Billiggemüse von Lidl** originalverpackt, aber mit 100 % Preisaufschlag, verkauft. Der erwischte Händler versuchte, sich damit herauszureden, dass das ja nicht illegal sei. Naja …

*Bei O'Connell lachte die Queen laut.*

## Auch die Queen mag frische Fische

Direkt aus dem Leben ist diese Geschichte: Alte Markthallen sind durchaus kultiviert – sie haben eine ganz eigene Aura und vor allem die opulente Ausstattung des English Market lässt seine utilitäre Bestimmung fast vergessen. Kein Wunder, dass sogar Queen Elizabeth II. höchstselbst auf Staatsbesuch hineingezerrt wurde … und sich über die Scherze eines Fischhändlers auch noch königlich amüsierte. Jedenfalls lachte ihre Hoheit ganz unmajestätisch, als Pat O'Connell den potthässlichen Seeteufel zum ›Schwiegermutterfisch‹ deklarierte.

Überhaupt sind die Interaktionen Grund genug, länger im Markt zu verweilen: mal frech, mal freundlich, aber immer authentisch. Auch wenn die Gentrifizierung des Marktes mitsamt Mini-Kunstgalerie schon begonnen hat: Noch ist er nicht der hippe Treffpunkt, in dem sich die Oma mit dem Rollator fehl am Platze vorkommt. Auch wenn sie sich manchmal fragen mag, was wohl die Touristen dort wollen.

INFO

**English Market** 🛍️:
Princes St., www.corkci ty.ie/en/english-market/, Mo–Sa 8–18 Uhr, sonn- und feiertags geschl.

---

NICHT NUR FÜR LOCALS
Warum in die Ferne schweifen … Seit 1994 serviert **The Farmgate** ❶ (www.farmgatecork. ie) direkt im English Market Köstlichkeiten, wie sie in Cork typisch sind. Lokale Rezepte mit lokalen Zutaten, jeden Tag (außer sonntags) von 8.30 bis 17 Uhr – etwa das *Market Breakfast* für 12 € oder der bewährte Sattmacher *Lamb Stew* für 16,50 €.

---

**Faltplan:** D 9 | Citykarte S. 51 | Einkaufen und schlemmen, mind. 1 Std.

Okt. 10–16 und So 11.30–16 Uhr, 5 €) können Sie zum Glöckner werden, wenn Sie den Kirchturm erklimmen. Genießen Sie den spektakulären Ausblick über die Innenstadt und bringen Sie die Shandon Bells zum Klingen.

### Ideales Stadthostel
**Kinlay House Cork ❶**
Hostel mit 171 Betten in Schlafsälen und Zimmern, einfach ausgestattet, aber mit unschlagbar guter Lage.
Bob & Joan's Walk, T 021 450 89 66, www. kinlayhousecork.ie | € (Bett ab 20 €)

### Galerie-Imbiss
**Crawford Gallery Café ❷**
Beliebtes Restaurant mit irischen und internationalen Gerichten, bemerkenswert sind die hausgemachten Backwaren.
Emmet Pl., www.crawfordgallerycafe.com, Di–Sa 9–16 Uhr | €–€€

### Vegetarisch gut
**Paradiso ❸**
Exzellente vegetarische Küche und Bio-Weine ohne Schnickschnack – Corks gesündestes Schlemmererlebnis. Probiermenu für Zwei 80 €.
16 Lancaster Quay, Western Rd., www.paradiso. restaurant, Mo–Sa 17.30–22 Uhr | €€€

### Augenweide
**English Market**
Käsespezialitäten, Fisch und Meeresfrüchte, Hühner, Gourmetwürstchen, Obst und Gemüse und alle erdenklichen Köstlichkeiten in Corks viktorianischer Markthalle (▶ S. 52).

**Ü**
**ÜBRIGENS**

Im **Blarney Castle** (𝄞 D 9, www. blarneycastle.ie, 13 €) soll man per Kuss beredsam werden. Die halsbrecherische und wenig hygienische Sabberei ohne Erfolgsgarantie gehört zu Irlands beliebtesten Touristenfallen.

......................................................
## INFOS UND TERMINE
......................................................

**Tourist Information Cork City:** 125 Saint Patrick's St., T 021 425 51 00, www.purecork.ie, Mo–Sa 9–17 Uhr
**Cork International Choral Festival:** Ein Wochenende Ende April, Anfang Mai, hörenswert (www.corkchoral.ie)
**Cork International Film Festival:** Mitte Nov. Filme oft weit abseits des Mainstream, irisch wie international (www.corkfilmfest.org)

......................................................
## IN DER UMGEBUNG
......................................................

### Maritime Historie
Die Hafenstadt **Cobh** (𝄞 D 9), ehemals Queenstown, am östlichen Ufer des Cork Harbour war lange einer der wichtigsten Punkte des Transatlantikverkehrs. Nicht immer mit glücklichem Ausgang. Emigranten in die USA während der großen Hungersnot, wie auch rund 40 000 nach Australien deportierte Strafgefangene, kannten die Stadt als Ort ohne Widerkehr. Das wohl berühmteste Schiff, das in Cobh (allerdings nur einmal 1912) ablegte, hieß »Titanic«. Und die »Lusitania« wurde nahe des Hafens torpediert, die meisten Leichen sind hier in Massengräbern beigesetzt. Die bunte Stadt mit ihrer schönen Uferpromenade, ihren altmodischen Häusern und einem bei Sonnenschein fast mediterranen Flair hat Denkmäler für alle … und die gigantische neogotische Kathedrale **St. Colman's** dominiert das Panorama.

### Gourmet-Treff
**Kinsale** (𝄞 D 9/10) ist ein Bilderbuchstädtchen, gilt mit zahlreichen Restaurants, Cafés, und Pubs als die kulinarische Hauptstadt Irlands. Eine Restaurantempfehlung zu geben erscheint allerdings sinnlos, denn alle sind gut. Bei einem Bummel durch die Innenstadt sollte man einfach Appetit und Geldbeutel entscheiden lassen, die Sehenswürdigkeiten nimmt man en passant mit. So das **Desmond Castle** aus dem 16. Jh., das zeitweise als Zollhaus, als Gefängnis,

als Waffenlager, und auch mal als Basis eines Bestattungsunternehmers diente (Besichtigung wegen Renovierungsarbeiten 2023 nicht möglich).
Etwas außerhalb des Ortes liegt **Charles Fort** (Summer Cove, T 021 477 22 63, www.heritageireland.ie, tgl. mind. 10.30–16.30 Uhr, 5 €), das die Einfahrt zum Hafen schützte, aber vom Festland her verwundbar war. Ein Teil der Gebäude ist restauriert und wird als Museum genutzt, das Beste ist jedoch der Ausblick von den Festungsmauern.

### 🍴 Gourmetfisch
**Fishy Fishy**
Ein guter Tipp für Fischfreunde ist das Restaurant direkt am Hafen von Kinsale, quasi vor dem eigenen Boot. Martin Shanahan, der Chef, ist Irlands führender Koch in Sachen Fisch.
Crowleys Quay, Kinsale, T 021 470 04 15, www.fishyfishy.ie, im Sommer tgl. 12–21 Uhr | €€–€€€

### ❶ Termin
Das **Kinsale Gourmet Festival** (www.kinsalegoodfoodcircle.ie) mit einem Überangebot an gutem Essen und exotischen Kreationen lockt die (solventen) Massen Anfang Oktober.

DIE SÜDWESTSPITZE

Natur pur, Felslandschaft mit sparsamem Bewuchs und stoischen Schafen, das Meer so gut wie immer in Sichtweite – so präsentiert sich **Mizen Head** (🗺 B 10).
Die Fahrt zum **Leuchtturm** an diesem spektakulären und of stürmischen Kap (T 028 352 25, www.mizenhead.ie, April–Okt. tgl. 10.30–17, Juli und Aug. tgl. 10–18, Wintermonate Sa/So 11–16 Uhr, 7,50 €) endet an einem Parkplatz, danach muss man zu Fuß über eine schwindelerregende Brücke, hoch über steilen Kalksteinwänden, die Wind und Wellen langsam abnagen. Die in der kleinen Bucht schwimmenden Robben sind davon wenig beeindruckt. Hier bekommt man den Kopf frei.

ADELSSITZ IM NICHTS

Das **Bantry House** (🗺 B 10, T 027 500 47, www.bantryhouse.com, März–Okt. tgl. 10–17 Uhr, 14 €), seit 1765 im Besitz der Familie White, wurde um 1700 erbaut, später erweitert und ist mit seinen schönen Gärten für Besucher zugänglich. Das Hausinnere ist prachtvoll mit Objekten ausgestattet, die der zweite Earl of Bantry von Einkaufsreisen quer durch Europa mitbrachte. Wandteppiche aus dem Nachlass der Marie Antoinette, Kronleuchter aus Meißner Porzellan, im Fußboden ein Mosaik aus Pompeji – alles, was nicht wirklich niet- und nagelfest war, nahm der sammelwütige Adlige mit.

# Ring of Beara

🗺 A–B 9

**Die Tour ist eine ernsthafte (und belebte) Konkurrenz zum Ring of Kerry geworden, seitdem auf Individualität bedachte Urlauber den rund 140 km langen Ring of Beara zum Geheimtipp erkoren und fleißig weiterflüsterten.**

*Kinsale – so buntes Irland ist nicht wirklich traditionell*

*Cork sollte man in Ruhe auf sich wirken lassen.*

## Von der Garteninsel …

Um den Ort **Glengarriff** (🗺 B 9) sorgt der Golfstrom für ein ganz eigenes Mikroklima und eine fast subtropische Vegetation – was auf **Garinish Island** (T 027 630 40, www.garinishisland.ie, April–Nov. ab etwa 10 bis mind. 15.30 Uhr, 5 €) reichlich ausgenutzt wurde. Die Insel ist schnell mit dem Boot von Glengarriff aus erreicht (ca. 15 €) und Heimat einer fantastischen Gartenanlage mit zahlreichen Magnolien, Kamelien, und Rhododendren. Annan Bryce, Geschäftsmann aus Belfast, ließ die ›italienischen‹ Gärten komplett mit klassizistischen Bauten anlegen. Im Mai beginnt die Hauptblütezeit, spätestens im Juni erstrahlt eine Symphonie der Farben. Der Italienurlaub für Zwischendurch.

MacCarthy's Bar ist wirklich die Kneipe, die auf dem Cover des Buches »McCarthy's Bar« zu sehen ist. Die Bildbearbeitung glich einfach den Namen an den des Reiseschriftstellers – Pete McCarthy – an …

## … nach Castletownberehaven …

Ab Glengarriff zuerst in südwestliche Richtung fahren, immer an der Küste entlang. Höhepunkte sind dann der **Hungry Hill** (🗺 B 10) und der Fischereihafen **Castletownbere** (🗺 B 10), Heimat von MacCarthy's Bar und Abfahrtpunkt der Fähre nach **Bere Island** (🗺 B 10, www.bereislandferries.com) zu einem Tagesausflug mit Bergwanderungen für jede Fitnessstufe mit tollem Ausblick.

## … und nach Dursey Island

Am Westende der Halbinsel geht es nur noch mit der Seilbahn weiter nach **Dursey Island** (🗺 A 10), einzigartig in Irland und mittlerweile Touristenattraktion. Dursey hat zwar außer Wiesen, einer Straße und vielen Seevögeln nichts zu bieten, wird aber von die Einsamkeit liebenden Wanderern geschätzt. Vor allem, weil man eben nur mit der **Seilbahn** (www.durseyisland.ie, Wiedereröffnung 2023 geplant) hinkommt, auch so eine Geheimtipp-Sache.

## 🏠 Ruhige Unterkunft
### Sea Breeze B & B
Etwas außerhalb von Casteltownbere warten schöne, große Zimmer mit Blick auf den Hafen oder die Caha Mountains.

Castletownbere, T 02 77 05 08, www.seabreez.
com | €€

### ⊕ Wie im Buch …
**MacCarthy's Bar**
Kulinarisch relativ einfach, aber gutes
gutes *pub food*, ein literarischer Kult-
Pub in der irischen Provinz.
The Square, Castletownbere, T 02 77 00 14,
www.maccarthysbar.com | €€

# Killarney 🗺 B 9

**Killarney ist der Touristenmagnet
des Südwestens – schon 1750 begann Lord Kenmare mit dem Auf-
bau einer touristischen Infrastruk-
tur und mit deren Vermarktung.**

im 19. Jh. war die Kleinstadt bereits ein
*Must-See* für Irlandbesucher, von Königin Viktoria abwärts. Dabei hat der Ort
eigentlich nur wenig zu bieten, wenn
man einmal von der **Seenlandschaft**
(▶ S. 58) absieht.

### Wirklich herrlich
Das 1843 erbaute **Muckross House**
(T 064 667 01 44, www.muckross-
house.ie, tgl. 9–17.30, im Juli/Aug. 19
Uhr, 9 €) ist ein viktorianisches Herren-
haus mit Inneneinrichtung im typischen

*Stadtbummel - Killarney in Schul-
uniform genießen*

**ÜBRIGENS**

In Killarney lungern die Jarveys auf
Kundschaft, die mit der Pferdekut-
sche Besucher zu den Highlights
fahren. Standardprogramm, aber
wirklich ganz nett. Man sollte sich
nur vor Antritt der Fahrt über Leis-
tungen und Endpreis einig werden.

Zeitgeschmack. Es fungiert heute als
Museum mit kleinen Töpfer-, Buch-
binder- und Webereiwerkstätten. Die
weitläufigen Gärten zeigen botanische
Vielfalt durch Importware, etwa riesige
Rhododendren und farbenprächtige
Azaleen, dazu sorgen formelle Wasser-
und Steingärten für Zucht und Ordnung
in der Landschaftsgestaltung.
In der Nähe liegen auch die **Muckross
Abbey,** ein ehemaliges Franziskanerklos-
ter, und die sehenswerten **Muckross
Traditional Farms** (T 064 667 01 44,
www.muckross-house.ie, Juni–Aug. tgl.
10–18, Mai 13–18, April, Sept., Okt. nur
Wochenende und Feiertage 13–18 Uhr, 9
€), in denen das Landleben zu Zeiten der
Urgroßeltern anschaulich gemacht wird.

### ⌂ Zentrales Haus
**Súgán Hostel**
Nur 2 Min. von Bus und Bahn, relativ
ruhig, mit etwas Hobbit-Feeling. Fahr-
radverleih kann organisiert werden.
Michael Collins Pl., T 064 663 31 04 | € (Bett
ab 20 €)

### ⊕ Frischer Fisch
**Gaby's Seafood**
Mehrfach ausgezeichnetes Restaurant
mit Fisch und mehr auf der Speisekarte.
27 High St., T 064 663 25 19 | €€€

··········································
## IN DER UMGEBUNG
··········································

### Tal mit Blick
Die **Gap of Dunloe** (🗺 B 9), ein stellenweise spektakuläre Aussichten bietendes

# #8

# Irlands traditionelle Seefahrt – **Lakes of Killarney**

**Der irische Tourismusklassiker ist eine mehr oder minder weite Bootstour über die Lakes of Killarney. Das war schon zu Königin Viktorias Zeiten ›in‹, und auch heute noch schippern Sie am besten auf kleinen, offenen Booten über das Wasser. Bei Wind und Wetter ist das eine durchaus ›erfrischende‹ Erfahrung.**

So richtig erfassen können Sie die Seenplatte bei Killarney am ehesten von oben, von dem **Ladies' View 1** genannten Aussichtspunkt. Fast schon ein Zwangsstopp auf dem Ring of Kerry ist das **Ladies' View Cafe ❶**. Dort ist es aber auch schön – vor Ihnen liegt das Bergpanorama, in dessen Mitte sich das Wasser sammelt. Der Blick schweift über den **Lough Leane 2** (oder bescheidener: Lower Lake), den größten der bekannten Seen von Killarney, dann über den kleinen **Muckross Lake 3** und über den lang gezogenen **Upper Lake 4**, die eine zusammenhängende Wasserfläche bilden.

## Eine Seefahrt ...

Zur Seefahrt geht es dann wieder runter: Die meisten Bootsbesitzer warten am **Ross Castle 5** auf Kundschaft, und am Anleger haben Sie die Qual der Wahl. Bequem und vor Wind und Regen geschützt geht es mit den relativ großen Wasserbussen, die jedoch nur Teile des Sees befahren können. Wesentlich flexibler und unmittelbarer am manchmal stark wogenden Busen der Natur fahren hingegen die offenen, kleinen Boote.

Hier zahlt sich Ihr Verhandlungstalent aus – die Standardtour bietet schließlich jeder Fahrensmann an: Sie geht ab Ross Castle auf den Lower Lake hinaus, dann südlich mit einem kleinen Schlenker in den Upper Lake und den Muckross Lake, zurück zur Burg und Ende. Aber bei entsprechendem Geschick und finanziellem Anreiz ist eine ausgiebige Tour nach individuellen Vorga-

**ÜBRIGENS**

Als Cromwells Truppen das als uneinnehmbar geltende **Ross Castle** erobern wollten, wurde es legendär: Ein Boot auf dem Lower Lake wurde zur Artillerieplattform. Da es hieß, dass Ross Castle nur durch einen Angriff vom See aus erobert werden könne, gerieten die Verteidiger sofort in Panik und kapitulierten ohne Umschweife.

*Die Lakes of Killarney mit Wolken-Matterhorn*

ben kein Problem. Die Preise sind sowieso je nach Saison und Nachfrage flexibel.

Eine Alternative, die mich wesentlich mehr begeisterte, ist die Fahrt auf die kleine Insel **Innisfallen** 6 . Dort stand früher ein Kloster, in dem zu Beginn des 13. Jh. die Annalen von Innisfallen verfasst wurden, eine mittelalterliche Chronik, die heute im Museum von Oxford liegt. Die **Klosterruinen** sind dennoch interessant, das auffälligste Relikt ist eine kleine Kirche aus Sandstein.

**Ü ÜBRIGENS**

Vorsicht mit der Einschätzung der Wind- und Wellenlage: **Ross Castle** liegt in einer geschützten Bucht, auf dem See kann es wesentlich abenteuerlicher sein!

INFOS/ÖFFNUNGSZEITEN

**Ladies' View Café** 1 : T 064 663 34 30, www.ladiesview.com, März–Nov. tgl. 10–18.30 Uhr
**Wasserbusse:** www.killarneylaketours. ie, 12 €

KULINARISCHES FÜR ZWISCHENDURCH

Killarney ist voll von Restaurants und Cafés, aber das kleine **Lir Café** 2 (Kenmare Pl., T 064 663 38 59, www.lircafe. com, tgl. 8–21, So 19 Uhr | €) ist nach einer vielleicht etwas kühlen Bootstour der ideale Wiederbelebungsort – mit feinsten handgemachten Schokoladen und einem wirklich guten Pott Kaffee.

DIE BURG NICHT VERGESSEN!

Wenn Sie eh schon da sind, sollten Sie **Ross Castle** 5 einen Besuch abstatten (T 064 663 58 51, www.heritageire land.ie, März–Okt. tgl. 9.30–17.45 Uhr,

5 €). Die Anlage aus dem 15. Jh. flößt mit ihrem massiven Turmhaus heute noch Respekt ein.

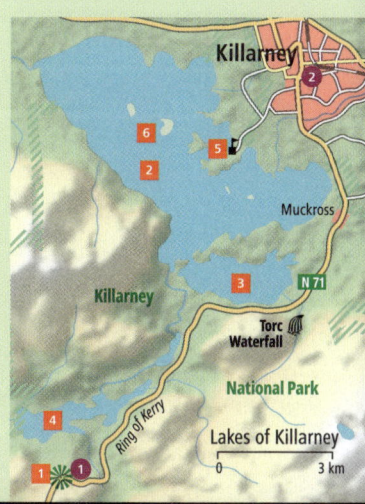

**Faltplan:** B 9 | Bootsfahrt mit Aussicht, ca. 1 Std.

*Gästewegweiser im Nichts*

Tal, zieht sich zwischen Irlands höchsten Bergen, den **Macgillycuddy Reeks,** und dem noch 822 m hohen **Purple Mountain** dahin.
Beim romantischen **Kate Kearney's Cottage** (www.katekearneyscottage. com) beginnen die meisten Touren, ob individuell als Wanderer, ob bei einem geführten Ausritt oder mit einem der auch hier anzumietenden Pferdewagen. Dabei geht's vorbei am **Serpent Lake**, in den laut einer lokalen Legende Patrick die Schlangen verbannte.

# Ring of Kerry

📖 A–B 9

**Ein Ring, sie alle zu finden …
Auf dem 180 km langen Ring of Kerry trifft man garantiert jeden Irland-Touristen in der Gegend. Dennoch ist die landschaftlich reizvolle Fahrt rund um die Halbinsel Iveragh ein Erlebnis. Und von Killarney auch als Tagesausflug gut zu meistern. Ein Muss? Man sollte ihn schon mal gemacht haben.**

Die Strecke windet sich an der **Ladies' View** vorbei zur **Moll's Gap** (mit Café

und Supermarkt für Kunsthandwerk, www.avoca.com), dann wieder bergab nach **Kenmare,** dessen Spezialität Spitze ist. Danach immer an der Küste entlang.

**… und hier die Highlights**
Interessant sind das **Staigue Fort** (Ostern–Sept. tgl. 10–21 Uhr), eine undatierte Festungsanlage aus Natursteinen, das **Derrynane House** (T 066 947 51 13, www.heritageireland.ie, April–Nov. tgl. mind. 10.30–17 Uhr, 5 €) des ›Befreiers‹ Daniel O'Connell und der Blick auf die **Skelligs,** einst von Mönchen (und jüngst von Jedis) bewohnte Felseninseln. Das **Skellig Experience** (T 066 947 63 06, www.skelligexperience.com, Juli/Aug. tgl. 10–19, sonst März–Nov. werktags 10–17 Uhr, 5 €) nahe der Brücke nach Valentia Island erzählt ihre Geschichte.
**Skellig Michael** mit seiner schwer zugänglichen mittelalterlichen Klosteranlage kann man für etwa 120 € mit dem Boot erreichen (Casey's, T 066 947 24 37, www.skelligislands.com und Sea Quest, T 066 947 62 14, www.skelligsrock.com). Interessant ist noch **Kerry Bog Village** (Ballincleave, T 066 976 91 84, www. kerrybogvillage.ie, tgl. 9–18 Uhr, 7,50 €), wo man ins 19. Jh. zurückversetzt wird. Die letzte Station ist dann **Killorglin,** eine Bilderbuch-Kleinstadt.

🍷 **Gourmet-Absacker**
**Mulcahy's**
Bar und Restaurant mit sehr guter Küche, die lokale und saisonale Spezialitäten serviert. Reservierung empfohlen.
Main St., Kenmare, T 064 664 23 83, Di–Sa ab 17 Uhr | €€

# Halbinsel Dingle

📖 A–B 8

**Die Halbinsel Dingle ist relativ klein, bietet aber einiges … auch wenn der berühmte Tanz-Delfin nun vermisst wird.**

Auch ohne Delfin Fungie gibt es noch Bootstouren, aber Kenner machen sich gleich über Ballymeenbocht und Wanderwege zu dem Seezeichen über dem Eingang der Dingle Bay auf. Von hier hat man einen prima Blick auf das Meer, wo mit etwas Glück Wale und wilde Delfine zu sehen sind.

### Auf dem Slea Head Drive

Und wenn man eh schon auf dem Weg ist, dann sollte man sowieso den ganzen **Slea Head Drive** machen, wie die R559 auch genannt wird. Eine Küstenstraße mit atemberaubenden Aussichten, die zugleich irische Antike bereithält.

Gleich bei **Dunbeg** locken klösterliche Bienenkorbhütten und eine langsam abbröckelnde **Steinfestung** an der Steilküste zum Aussteigen. Direkt am Slea Head befindet sich ein Minipark-platz mit Maxiaussicht.

Hinter **Ballyferriter** steht das **Gallarus Oratory,** eine wie ein umgedrehtes Schiff wirkende mittelalterliche Kirche – sehenswert!

Gallarus Oratory: Außenbereich immer zugänglich, Besucherzentrum nur in der Hauptsaison

## TAG UND NACHT

#### 🏠 Mittendrin & ruhig
**Coastline Guesthouse**
Ideal, wenn man abends ein wenig in den Trubel von Dingle eintauchen will, aber eine ruhige Unterkunft bevorzugt.
The Wood, Dingle, T 066 915 24 94, www.coastlinedingle.com | €€

#### 🍽 Snacks am Fort
**Stone House**
Empfehlenswert ist dieses altertümelnde Café direkt zwischen Festung und Mönchshütten nicht nur wegen der Lage, sondern es schmeckt einfach!
Dunbeg, T 066 915 99 70, www.stonehouse ventry.com, März–Okt. tgl. 11–18 Uhr | €€

#### 🛍 Der gute Ton
**Louis Mulcahy Pottery**
In Handarbeit hergestellte Töpferwaren zwischen Tradition und Moderne – beliebt, aber nicht unbedingt billig.
Clogher, T 066 915 62 29, www.louismulcahy.com, tgl. 10–18 Uhr, Hauptsaison länger

*24 km östlich von Dingle Town, direkt an der R561, liegt einer der besten (und oft einsamsten) Sandstrände Irlands, der Inch Beach.*

# Schriftsteller am Rand der Welt – **Blasket Islands**

# 9

**Vor einige Jahren wollte eine Umfrage wissen: Worauf hätten die Iren in der Schule verzichten können? Eine wiederholt genannte Antwort war: »Peig Sayers«. Der Einheimische lacht, der Besucher wundert sich. Dabei ist die Schriftstellerin Peig ein irischer Nationalschatz. Durch ihr penetrantes Auftauchen im Irisch-Lehrplan büßte der Schatz allerdings reichlich an Glanz ein.**

Die Geschichte von Peig, die eigentlich Máiréad hieß, wird heute gewissermaßen vor Ort im **Blasket Centre** [1] in Dunquin nacherzählt. Hier nämlich wurde 1873 die berühmteste der *Blasket Writers* geboren: auf dem Festland, in Sichtweite der rauen Inseln. Erst nach der Hochzeit mit dem Fischer Pádraig Ó Guithín zog sie auf das **Great Blasket Island** [2] und bekam elf Kinder, von denen sie sechs großzog. Ihnen erzählte sie Geschichten; denn als Tochter eines *Seanchaí*, eines irischen Barden, besaß sie einen großen Fundus davon.

## Von Bettgeschichten zu Bestsellern ...

Eines Abends im Jahr 1907 hörte ihr der norwegische Linguist Carl Marstrander zu, war hellauf begeistert und schleppte den Keltologen Robin Flowers vom British Museum an. Der schrieb die Geschichten erstmals nieder. Peigs echter Aufstieg in der Literaturwelt begann aber erst 1936, als die Dubliner Lehrerin Máire Ní Chinnéide ihr die Idee nahebrachte, ihre Autobiografie zu diktieren – solche Blut- und Bodenliteratur war im jungen irischen Staat gefragt. Später diktierte Peig auch etwa 350 Geschichten, aus denen ein weiterer Wälzer entstand. Wobei Puristen stets anmerken, dass die Frau aus Dunquin nicht den Dialekt der Blaskets nutzte und dass ihre Diktate wohl ausufernde Erzählungen waren, die vom Schreiber in Form gebracht und später mehrfach redigiert wurden.

*Wilde Esel auf den Blaskets – etwas Komfort muss sein!*

Wie auch immer – Generationen von Iren mussten fortan mit Peigs Werken in der Hand Irisch
lernen. Was »De Bello Gallico« für den Lateinleh-
rer ist, das waren »Peig« und »Machnamh Seanmhná« für Irlands Sprachhüter. Wie John Minihan
2006 im Irischen Senat bemerkte: »Erwähnt man
den Namen Peig, rollen die Augen dramatisch.«

## ... und anderer Erinnerungen

Dabei gerieten andere Schriftsteller von der Insel
schnell ins Hintertreffen. Tomás Ó Criomhthain,
der ähnliche Themen wie Peig aufgriff, galt vielen
Iren als zu direkt, fast schon ans Obszöne gren-
zend. Und Muiris Ó Súilleabháin gleang mit »Fi-
che Bliain ag Fás« (›Zwanzig Jahre wachsen‹) ein
Achtungserfolg im irisch-romantischen Genre der
Memoiren. Sein Nachfolgebuch mit Erinnerungen
der nächsten Jahre als Polizist auf dem Festland
interessierte dann aber niemanden mehr. Kaum
verwunderlich, dass sich um seinen frühen Tod
durch Ertrinken Suizidgerüchte ranken.

Wie abgeschnitten die Blaskets waren, zeigte
sich 1947: Nach einer mehrwöchigen Schlecht-
wetterperiode neigten sich die Vorräte auf Great
Blasket Island dem Ende zu. Deshalb baten die
Bewohner Éamon de Valera per Telegramm persönlich um Hilfe. Zwei Tage später kämpfte sich
ein Schiff zu ihnen durch: Die nur 2 km ab dem
Festland waren mit den einfachen Ruderbooten
bei dem Wetter nicht zu bewältigen.

**ÜBRIGENS**

Die sechs Blasket Islands
wurden 1953 als ›nicht
mehr sicher bewohn-
bar‹ vom irischen Staat
zwangsevakuiert:

**2** Great Blasket Island
(An Bhlascaod Mór)
**3** Beginish (Beiginis)
**4** Inishnabro (Inis na
Bró)
**5** Inishvickillane (Inis
Mhic Uileáin)
**6** Inishtooskert (Inis
Tuaisceart)
**7** Tearaght Island
(An Tiaracht)

---

**INFOS**

**Blasket Centre 1:** T 066 915 64 44,
www.blasket.ie, März–Okt. tgl. 10–18
Uhr, 5 €. Geschichte, Geschichten und
eine Einführung in die irische Sprache.

---

**KULINARISCHES FÜR ZWISCHENDURCH**

Das **Café 1** im Blasket Centre ist ideal
für einen Zwischenstopp – und bietet
mit seiner Panoramaaussicht (Terrasse
oder große Glasfenster) zugleich eine
unwetterfreie Möglichkeit, die Blaskets
in Ruhe zu betrachten (Snacks ca. 10 €).

Blasket Islands

0          5 km

---

**Faltplan:** A 8–9 | Literatur direkt aus des Volkes Seele, ca. 90 Min.

# Irlands Westen

Über die genaue geografische Abgrenzung des irischen Westens lässt sich vortrefflich streiten, zumal er oft nördlicher als Nordirland endet und der ›Südwesten‹ ohnehin eine eigene Region ist. Wir lassen ihn mal am Shannon im County Clare beginnen, arbeiten uns dann nach Donegal hoch und vergessen dabei auch das Hinterland nicht.

*Nichts für Kälteempfindliche – Surfen im Atlantik*

# Ennis 🗺 C 7

**Ennis mit seinen 19 000 Einwohnern ist recht groß, hat sich aber den Charakter einer ländlichen, altmodischen Marktstadt etwas bewahrt. Die vielen Pubs und verwinkelten Straßen helfen dabei.**

Das Highlight in Ennis sind die Ruinen der **Ennis Friary** (Abbey St., T 065 682 91 00, www.heritageireland.ie, April–Sept. 10–18, Okt. 10–17 Uhr, 5 €) einen Besuch wert. Das reich verzierte Grabmal der MacMahons ist hier besonders sehenswert.
Im **Clare County Museum** (Arthur's Row, T 065 682 33 82, Di–Sa 9.30–13 und 14–17.30 Uhr) kann man tiefer in die Ortsgeschichte eintauchen. Ansonsten – bummeln, und sich von Livemusik in die Pubs locken lassen.

### 🏠 Einfach gut
**Ardilaun Guesthouse**
Mittelklassekomfort etwa ab vom Ortskern, ein gutes ›Base Camp‹.
Gort Rd, Ballycorey, T 083 462 80 46. www.ardilaun.ie | €€

### 🍷 Essen und Cocktails
**The Cloister**
Im ehemaligen Klostertrakt untergebracht und bietet irische wie internationale Gerichte zu passablen Preisen.
Abbey St., T 065 684 12 34, www.cloisterres taurant.ie, Di–Sa 12–21 Uhr, So 12.30–21 Uhr | €€

### ❶ Termine
Ende Mai findet in Ennis das **Fleadh Nua** (www.fleadhnua.com) statt, ein Musikfestival mit viel Straßenmusik. Beim **Ennis Trad Festival** (www.ennis tradfest.com) wird Mitte November echt irische Musik gespielt.

## IN DER UMGEBUNG

### Historisches Irland
Wer ›altes Irland‹ in kompakter Form, dabei nur einen Katzensprung vom Shannon Airport entfernt, erleben will, der ist im **Bunratty Folk Park** (🗺 C 7) (T 061 711 200, www.bunrattycastle. ie, tgl. 9–17.30 Uhr, 17,50 €) gut aufgehoben. Die beeindruckende **Burg** aus dem 15. Jh., eigentlich ein gigantisches Turmhaus, ist gut in Schuss und mehr oder minder historisch eingerichtet. Und ringsum haben sich rund 30 alte Gebäude angesammelt, in denen heute das ›damalige Leben‹ dem Besucher gezeigt wird – wobei man sich bei der genauen Periode nur vage festlegt, irgendwie 19. Jh. oder so. Was sehr touristisch klingt, ist es letztlich auch. Aber dennoch das Eintrittsgeld wert, auch wenn etwas Skepsis bei der Echtheit mancher Darstellung angebracht ist.

### 🏠 Nah am Park
**Bunratty Grove**
Freundliches Guesthouse mit großen Zimmern, Familienunterkunft zu erschwinglichen Preisen.
Lower Rd., Bunratty (🗺 C 7), T 061 36 95 79 | €€

### Bronzezeit und Kelten
Das kleinere **Freilichtmuseum Craggaunowen** (🗺 D 7) (Kilmurray

Sixmilebridge, T 061 71 12 22, www.
craggaunowen.ie, April–Sept. tgl. 10–17
Uhr, 11 €) dagegen bietet einen vollkommen anderen Eindruck als Bunratty.
Hier wird versucht, die Periode der Bronzezeit und der Kelten wiederaufleben zu
lassen. Dazu gehört eine vollständige
Siedlung in Ringfort und Crannog, einer
befestigten Insel. Ausgestellt ist auch
das von Tim Severin nach traditionellen
Methoden gebaute Boot aus Leder, mit
dem er auf den Spuren des St. Brendan
über den Atlantik segelte.

### Baden im Atlantik?
Wer die nicht unbedingt mediterranen
Temperaturen aushalten kann, der ist
in **Kilkee** (📖 B 7) richtig, der beliebte
Urlaubsort hat einen der attraktivsten
Badestrände in der Region, der Ort noch
etwas vom viktorianischen Charme.
Auch **Lahinch** (📖 C 6/7) ist reizvoll,
aber heute vor allem für seine großen
Golfplätze und als ideales Surfrevier
bekannt. Die Promenade ist für lange
Spaziergänge geeignet, wenn Wind und
Wellen mitspielen.

### 🏠 Futtern und schlafen
**The Strand**
Ruhiges Guesthouse am Meer mit
gemütlichem Bistro. Ordentliche Zimmer
mit leichten Antik-Look, im Lokal wird
alles aus dem Meer frisch serviert.
The Strand, Kilkee, T 065 905 61 77, www.
thestrandkilkee.com | €€

Viele Besucher an den Cliffs of
Moher bemängeln, dass man nicht
mehr ungehindert an den Klippenrand darf. Gut so! Der bis zu 214 m
tiefe Sturz in den Atlantik ist schlicht
tödlich. Suizidtourismus, Selbstüber-
schätzung und Idiotie haben zu
einer recht hohen Opferrate geführt.

### 🍴 Mehr Meer
**Barrtrá Seafood Restaurant**
Kleines Restaurant in traditionellem
Cottage; Fisch, Meeresfrüchte und vege-
tarische Gerichte sind die Schwerpunkte.
Miltown Malbay Rd., Lahinch, T 065 708
12 80, www.brarrtra.com, Mi–Sa 17.30–21, So
12–19 Uhr | €€€ (Surprise Menu 50 €)

# Cliffs of Moher

📖 B 6

**Die Cliffs of Moher kennt natürlich
jeder, und auf jeder Rundtour
stehen sie auf dem Programm.**

Dabei sind sie weder die höchsten Klippen Irlands, noch stehen sie als pures
Naturerlebnis da. Dennoch: Sehenswert

*Die Cliffs of Moher sind 8 km lang, der höchste Punkt misst 214 Meter, und 20
Vogelarten haben in den Klippen eine Heimat gefunden.*

bleiben sie, auch wenn das moderne unterirdische **Besucherzentrum** (www.cliffsofmoher.ie, tgl. mind. 9–17, Mai–Aug. 8–21 Uhr, 10 €) wie auch die Preispolitik des County Council umstritten sind. Dafür bekommt man denn auch viel Information und natürlich den klassischen Ausblick geboten. Wer ohne die Infos leben kann und gut zu Fuß ist, der kann sich den Cliffs kostenlos auf dem Küstenpfad von Liscannor (ca. 6 km südlich) oder Doolin (ca. 7 km nördlich, ▶ S. 68) aus nähern.

# Burren 🗺 C 6

**Im Hinterland der berühmten Klippen dräut ein nicht weniger beeindruckendes Naturerlebnis, der Burren, häufig als ›Mondlandschaft‹ bezeichnet; das stimmt aber nur auf den ersten Blick.**

Tatsächlich ist diese karge Karstfläche nämlich voller Überraschungen. Bekanntestes Beispiel ist der bizarr im Nichts aufragende **Dolmen von Poulnabrone**, mittlerweile mit Parkplatz. Gefolgt von der Steinfestung von **Caherconnell**, die zwar als ›vorzeitlich‹ bezeichnet wird, wohl aber aus dem späteren Mittelalter stammt. Seine wahre Schönheit zeigt der Burren jedoch erst bei näherem Hinsehen, im Detail, wenn in den lang gezogenen Felsritzen feinste Flora zum Vorschein kommt, eine bunte Mischung aus arktischen und alpinen Pflanzen, sogar Orchideen. Sie können auch ›unter Tage‹ gehen – in der **Aillwee Cave** (T 065 707 70 36, www.aillweeburrenexperience. ie, tgl. 10–17.30 Uhr, 24 €). Sie ist nur eine von vielen Höhlen, aber touristisch erschlossen.

## 🌀 Wandern
Wanderer sind willkommen, ausgewählte, gute Wege und Infos finden Sie unter www.burren.ie.

## Musikantenstadl auf Irisch
Drei winzige Dörfer bilden zusammen **Doolin** (🗺 B 6) (www.doolin.ie), weltberühmte Metropole der traditionellen Musik. Einst Geheimtipp, heute kommerzialisiert: Im Ortskern ist jedes zweite Haus ein Pub, der Rest sind Souvenir- und Musikgeschäfte. Es gibt immer noch viel Folk, Trad und Tand, aber ein Muss ist der Ort lange nicht mehr.

## 🛏 Am Folk-Puls?
### Doolin Inn
Mittendrin, komfortabel, und modern – Unterkunft und Bar haben den *shabby chic* des alten Doolin hinter sich gelassen.
Fisherst., Sea Rd., T 065 707 44 21, www.doolininn.ie | €€

# Galway 🗺 C 6

**Merkwürdig an Galway ist, dass Sie hier eine Stadtrundfahrt per Bus machen können. Zu Fuß sind Sie schneller und sehen mehr. Vor allem die Studenten machen Galway jung, dynamisch, quirlig.**

### WAS TUN IN GALWAY?

**Eyre Square 1** ist der beliebteste, aber unspektakuläre Treffpunkt in der Stadt. Highlights sind der **Browne Doorway** als letzter Rest eines Kaufmannshauses aus dem 17. Jh. und das **Eyre Square Centre 2** (www.eyresquarecentre. com) mit dem Rest der mittelalterlichen Stadtmauer. **Lynch's Castle 3** (Ecke Shop St./Abbeygate St.), eine Stadtburg

*S SINGLE?*

Der Claddagh-Ring mit zwei Händen, die ein Herz mit Krone halten, ist Galways Top-Exportartikel. Er zeigt, ob jemand noch zu haben ist: Nur wenn die Herzspitze zum Fingernagel zeigt, bestehen noch Chancen.

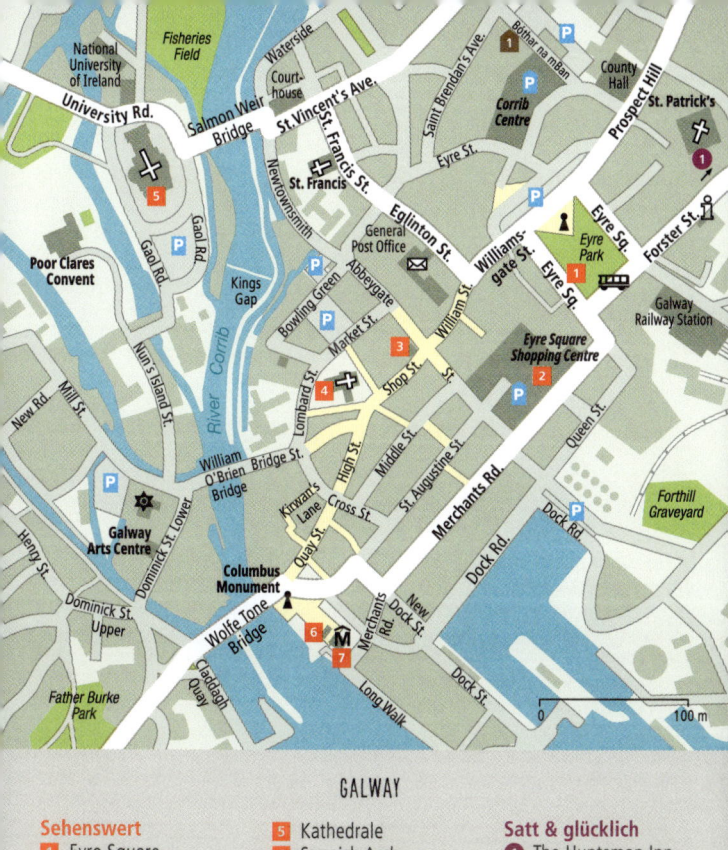

## GALWAY

aus dem 14. Jh., ist heute eine Bank. Sehenswert ist die **Collegiate Church of Saint Nicholas** 4 (www.stnicholas.ie), 1320 errichtet und dem Schutzpatron der Seefahrer gewidmet – wie auch die beeindruckende katholische **Kathedrale** 5 auf der anderen Seite des Corrib.

Neben der **Spanish Arch** 6, Rest einer Befestigungsanlage von 1584, steht das moderne **Stadtmuseum** 7 (Spanish Parade, T 091 532 460, www.galwaycitymuseum.ie, Di–Sa 10–17 Uhr, Eintritt frei). Interessant ist die Sammlung von Currachs, aus Leder gebauten traditionellen Booten.

### Ans Meer

Der Stadt-Badestrand **Salthill** liegt nur 1,5 km südwestlich von Galway und verfügt über eine beachtlich lange Promenade. Auf der einen Seite Strand und Meer mit Blick auf die **Aran Islands** (▶S. 72), auf der anderen Seite Hotels, Restaurants und Geschäfte. Bei gutem Wetter und am Wochenende ist es hier, wie zu erwarten, regelmäßig rammelvoll.

## TAG UND NACHT

### Gut fürs Budget
**Sleepzone Hostel**
Großes Hostel direkt in der Innenstadt mit Selbstversorger-Küche zum Sparen.
Wood Quay, Galway, T 091 566 999, www. sleepzone.ie | €–€€ (je nach Saison)

### Bodenständig
**The Huntsman Inn** ❶
Großes Restaurant mit guter Hausmannskost zu fairen Preisen tagsüber, abends etwas exotischere und teurere Gerichte. Gute Auswahl an Craft Beer.
164 College Rd., T 091 56 28 49, www.hunts maninn.com, Essen Mo–Sa ab 9, So ab 10 Uhr geöffnet | €€

### ❶ Infos und Termine
**Tourist Information Galway City:**
Infostand im City Museum, www.gal waytourism.ie.
Irlands größtes Kulturfestival ist das **Galway International Arts Festival** (www.giaf.ie) im Juli – Konzerte, Vorführungen und noch mehr Straßenkunst als sonst. Das eine Woche dauernde

*Bei Sessions schlägt der Puls der traditionellen Musik.*

---

**Galway International Oyster Festival** (www.galwayoysterfestival.com) im September bringt frische Muscheln zurück auf den Tisch.

## IRLANDS WILDER WESTEN

Die **Abtei** von **Cong** (ⅅ C 5), eine schöne Liegenschaft selbst im ruinösen Zustand, ist eines der Highlights in diesem kleinen Dorf abseits vom Schuss. Im 12. Jh. mit aufwendig gestalteten Torbögen, stilistisch zwischen Romanik und Gotik, entstanden und tagsüber zu besichtigen. Das romantische **Ashford Castle** (www.ashfordcastle.com), einst Sitz der Guinness-Familie, heute Luxushotel, ist ein weiteres Plus. Die meisten US-Touristen zieht aber John Wayne an – 1952 war der Chefcowboy Star in der RomCom »The Quiet Man«, die irische Schönheit Maureen O'Hara gewann er als Weib. Gedreht in und um Cong, das noch heute vom anhaltenden Hollywood-Ruhm zehrt. Europäische Besucher werden den Filmrummel in der Regel nicht verstehen, sich aber an dem dadurch in schmuckem Zustand erhaltenen Ort zwischen den Loughs Corrib und Mask erfreuen.

### ⌂ Lokalkolorit
**Ryan's Hotel**
Altmodisches, aber renoviertes zentrales Hotel. Sowohl die Bar The Crow's Nest als auch das Fennel Seed Restaurant im Haus sind empfehlenswert.
Main St., Cong, T 094 954 62 43, www.ryans hotelcong.ie | €€

# Aran Islands 🗺 B 6

**Drei der Aran Islands (▸ S. 72) sind bewohnt – Inishmore, Inishmaan und Inisheer. Von hier sind rund 120 km irische Küste zu sehen, der Sonnenuntergang im Atlantik erscheint endlos und der Wind bläst einem die letzten Spinnweben aus dem Hirn.**

### ›Die große Insel‹

**Inishmore,** die ›Große Insel‹, ist der Hauptmagnet. Die fast durchweg graue Landschaft wird von Mauern durchzogen, ohne die Ernte und Vieh schlicht wegwehen würden. **Kilronan** ist Hauptort und Fährhafen, von hier aus kann man die Insel zu Fuß, mit dem Fahrrad oder im Pferdewagen erkunden. Die wichtigsten Ziele? Südlich von Kilronan die **Puffing Holes,** die bei Wellengang oft wie Geysire Wasser ausspucken. Und im Nordwesten, auf dem etwa 12 km langen **Ring of Aran** das auf einer Klippe gelegene Steinfort von **Dún Aengus** – eine der größten prähistorischen Festungsanlagen Irlands, und die spektakulärste von allen, deren ›Rückendeckung‹ der schiere, nicht erkletterbare Abgrund ist.

### 🍴 Insel-Pub
**Joe Watty's Bar**
Vielleicht der beste Pub auf den Inseln, mit traditioneller Musik am Abend und typischem *Pub Grub*.
Kilronan, T 099 611 55, www.joewattys.ie | €€

### ❶ Infos
**Schiffe zu den Aran Islands** (um 25 €) findet man im Hafen von Doolin (www.doolinferries.com oder www.doolinferry.com), zum Teil verkehren sie nur in der Hauptsaison. Von **Rossaveal** aus ganzjährig (Zubringerbus ab Galway) mit Aran Island Ferries (www.aranislandferries.com). Auch fliegen geht – mit **Aer Arann Islands** (www.aerarannislands.ie) besteht eine ganzjährige Verbindung vom Connemara Regional Airport aus (ca. 70 €).

# Connemara 🗺 B 5

**Malerische Halbinseln mit zerklüfteten Küsten, weite Heide- und Moorgebiete, einsame Seen, über 700 m hohe Berge … das ist Connemara, Irland wie aus dem Bilderbuch und mittlerweile recht gut erschlossen.**

### Basislager
Die Hauptstadt ist **Clifden,** ein ideales ›Basislager‹, auch wenn der Ort selber nicht viel zu bieten hat. Immerhin kann man hier nach einer Tagestour einen feucht-fröhlichen Abend verbringen, etwa nach dem Besuch von **Dan O'Hara's Homestead** (Connemara Heritage & History Centre, Lettershea, T 095 218 08, www.connemaraheritage.net, April–Okt. tgl. 10–18 Uhr, ab 8,50 €). Hier wird man ins 19. Jh. versetzt, mit Hufeisenwerfen und Heuweitwurf. Die beliebteste Tour ist die Fahrt auf der **Sky Road,** vorbei an den Ruinen des **Clifden Castle** und **Kingston,** dank der steilen Klippen hoch über dem Atlantik.

### 🍴 Pub-Grub mit Musik
**Lowry's Bar**
Ansehnliche, nicht überrenovierte Bar, hausgemachte Musik, gute Whiskeyauswahl und preiswertes Essen.
Market St., Clifden, T 095 213 47, www.lowrysbar.ie | €–€€

### Nationalpark und Abtei
Bei **Letterfrack** (🗺 B 5) ist der Haupteingang zum **Connemara National Park** (www.connemaranationalpark.ie), rund 2000 Hektar Moor und Heide sowie Berge mit bis zu 750 m Höhe. Mit etwas Glück findet man halbwilde Connemara-Ponys, auf jeden Fall ist der Park ideal für lange Wanderungen (gut ausgeschildert). Das Schmuckstück von Connemara ist nicht weit – **Kylemore Abbey** (T 095 411 46, www.kylemoreabbey.com, tgl. 10–16 Uhr, in der Hauptsaison länger, 15 €). Der neogotische Prunkbau, im 19. Jh. als Familiensitz erbaut und dann 1920 von

# 10

## Land der modernen Legenden – **Aran Islands**

**Lange vor Böll lebte Synge. Beide mythologisierten den irischen Westen in Tagebüchern, Letztgenannter mit »The Aran Islands«. Und lange vor ›Big Brother‹ gab es Robert J. Flaherty, den Vorreiter der ›Scripted Reality‹. Er nahm diese moderne Welt in Dokufiktionen wie »Die Männer von Aran« vorweg.**

Der Film über das raue Leben auf den Inseln im Atlantik war nicht Flahertys erste Produktion. Sein »Man of Aran« (besser übersetzt als ›Aran-Mensch‹ statt ›Die Männer …‹, denn Frauen spielen wichtige Rollen) nahm bekannte Muster von »Nanook of the North« auf: Unter dem Deckmantel der Dokumentation entstand durch Flahertys Regieführung eine hollywoodreife Story. Edle Wilde kämpfen gegen die Fährnisse der ungezähmten Natur an und ringen der Wildnis den Lebensunterhalt ab. Helden des ursprünglichen Alltags eben. Fast so wie wir.

### Alles nur ein Fake!

Eigentlich war das alles aber eine Inszenierung, denn die Leute von Aran hatten das ›ursprüngliche irische Leben‹ anno 1934 doch schon etwas hinter sich gelassen. So auch die dramatische Jagd auf den Riesenhai, die im Film einige Männer fast das Leben kostet – schade nur, dass auf den Arans schon lange keine Haie mehr gejagt wurden. Das ist aber nur der bekannteste Fauxpas. Der Anthropologe und Aran-Spezialist John Messenger konnte mehr als 100 sachliche Fehler (viele davon bewusste Fälschungen, um die Kinokassen besser klingeln zu lassen) in dem nur 76 Minuten langen Film nachweisen.

Und die Familie, die eingeschworene Gemeinschaft von Herd und Herz? Patchwork, von Flaherty bunt zusammengewürfelt, aus kameratauglichen Einwohnern zurechtgebastelt.

Dennoch: An sich zeigt »Man of Aran« schon die Aran-Inseln, wie sie einst waren. Oder zumin-

*Wer braucht schon Las Vegas? Auf Inis Mór kann man sich von Dara Molloy (www.daramolloy.com), einem ›keltischen Priester und Mönch‹, ab 350 € ganz legal verheiraten lassen.*

*Jahrtausendealte Boots-technik, heute noch im Einsatz*

dest so, wie sie nach Flahertys Verständnis einmal gewesen sein mussten. Eine Ergänzung zu Synges Tagebuch, in dem der gebildete Dubliner die Inselbewohner oftmals als schlichte Gemüter, ja sogar tumbe Toren darstellt. Karl May lässt grüßen: wilder Westen in Europa.

## Tourismus als Rettung

Das in Film und Buch hochgelobte einfache Leben wurde jedoch geschwind wieder zum einzigen gewinnbringenden Kapital der Inseln; und zwar über den Tourismus, ohne den hier sonst wohl schon das Licht ausgegangen wäre. Objektiv betrachtet ist das Leben auf den Aran Islands auch heute nicht leicht, geschweige denn wirklich idyllisch. Und ohne Touristen gäbe es wirklich keinen Grund mehr, dort zu bleiben. Wer auf Dauer nicht Touristenflüsterer werden oder ewig Aran-Pullover stricken will, der kehrt den Inseln meist schnell den Rücken. Andererseits bieten die Inseln dem Besucher zumindest einen Eindruck vom Leben am Rand … einfach die Fähre nehmen, und dann am Hafen losspazieren.

**INFOS**

Wo kann man »Man of Aran« besser genießen als im **Aran Heritage Centre** in Kilronan? Rhetorische Frage – der Film wird hier regelmäßig gezeigt, 5,50 €, tgl. 11 (Sa/So 10) bis 13 und 14–17 Uhr, T 099 613 54.

**ESSEN & SCHLAFEN**

Das **Guesthouse Pier House** in bietet auch ein gutes Restaurant mit vielfältiger Küche (tgl. 11–17, 18–22 Uhr) nah beim Sandstrand, Pub und historischen Ruinen (T 099 614 17, www.pierhouse aran.com | DZ €€, Restaurant €€).

**Faltplan:** B 6 | Inseln am Rand der irischen Welt, ein Tag

belgischen Benediktinerinnen übernommen, ist mit seiner wunderbaren Lage am See ein Muss. Die Internatsschule ist mittlerweile geschlossen, die Nonnen halten sich durch den (lebhaften) Tourismus über Wasser. Besichtigt werden können Teile der Liegenschaften, einige Gebäude, und auch der schön restaurierte **Walled Garden**. Viele Besucher beschränken sich jedoch auf einen Blick über den See und einen Imbiss im Café und guten Restaurant.

### ⌂ Gut und günstig
**The Old Monastery Hostel**
Geräumiges Hostel mit Schlafsälen oder Privatzimmern, Mitte des 19. Jh. gebaut. Frühstück im Preis enthalten, Abendessen für Gäste möglich.
Letterfrack, T 087 234 95 43, www.oldmonasteryhostel.com | € (Bett ab 20 €)

### Denkerfjord
Hier dachte einst Wittgenstein nach – ein Ferienhaus neben dem **Killary Harbour Hostel** in Rosroe (🗺 B 5) (Rosroe Pier, T 095 439 33, www.killaryharbourhostel.com, Bett ab 18 €) bot Abgeschiedenheit, Ruhe und einen herrlichen Ausblick auf Irlands einzigen echten Fjord. Der aus eben diesen Gründen heute zu einem Touristenziel wurde. Eine Fahrt entlang des tief in die Landschaft eingeschnittenen Meeresarms ist aber Pflicht!

### Inselabenteuer light
Die kleine Insel **Inishbofin** (🗺 A 5) (www.inishbofin.com) hat mit einer **Kirche** aus dem späten Mittelalter und einer **Festung** in der Hafeneinfahrt nur wenige von Menschen geschaffene Attraktionen zu bieten. Dafür kann man hier stundenlang in der Einsamkeit wandern. Die Fährverbindung ab **Cleggan** (T 08 61 71 88 29, www.inishbofinferry.ie, 25 €) verkehrt mehrmals täglich, ideal für einen Tagesausflug. Wer nur mal schauen, aber auf dem Festland bleiben will, der kann im **Cleggan Beach Riding Centre** (T 095 447 46, www.clegganridingcentre.com, ab ca. 30 €/Std.) Pony-Trekking am Strand

oder in den Bergen, bei Niedrigwasser auch über den Meeresboden nach **Omey Island** genießen.

# Westport 🗺 B 4

**Westport ist das (hübsche) Zentrum der Nachtschwärmer, die Bridge Street ist dicht gesäumt von Gaststätten.**

┄┄┄┄┄┄┄┄┄┄┄┄┄┄┄┄┄┄┄
## WAS TUN IN WESTPORT?
┄┄┄┄┄┄┄┄┄┄┄┄┄┄┄┄┄┄┄

Bekanntester Pub am Ort ist der von **Matt Molloy** (Bridge St., www.mattmolloy.ie), der namensgebende Flötenspieler der Chieftains ist Inhaber der Kneipe. Musikprogramm? Feinster Trad, oft mit bekannten Musikern. Etwas außerhalb steht das **Westport House** (T 098 277 66, www.westporthouse.ie, Juni–Aug. tgl., sonst vor allem Wochenende, 13,50 €), ein Herrensitz mit sehr guter Innenausstattung. Damit sich niemand in der Familie langweilt (und mehr Geld in die Kasse kommt), hat man einen See mit Booten, eine kleine Eisenbahn, einen Zoo, eine Piratenwelt, ein Museum und Rummelplatzatmosphäre.
Die wahre Attraktion an der Küste bei Westport ist und bleibt aber der heilige Berg **Croagh Patrick**. Immerhin 764 m hoch, soll er einst dem Heiligen selbst als Meditationsort gedient haben. Heute ist er Irlands wichtigster Pilgerort, jedes Jahr am letzten Sonntag im Juli strömen Tausende auf die kirchenverzierte Kuppe. Kein leichter Anstieg, denn die Wege sind im Prinzip nur Geröllhalden, auf denen man schneller bergab rutscht als bergan geht. Man wird aber mit Sündenvergabe oder wenigstens (bei gutem Wetter) dem herrlichen Ausblick belohnt.

# Achill Island 🗺 A–B 4

**Achill Island, mit 145 km² Irlands größte Insel, ist dank einer kurzen Brücke mühelos zu erreichen und**

*Wind und Wellen als Architekten*

**bietet einsame Strände, Hochmoore, kleine Seen, atemberaubende Klippen.**

### Heinrichs Insel …

Rund 670 m ragen die Klippen am westlichen Ende aus dem Atlantik – ein fantastischer Ausblick, nach einem atemraubenden Aufstieg. Früher war Achill wegen der Piratenkönigin Grace O'Malley berühmt, heute mehr wegen des Dichterfürsten Heinrich Böll. Der hier ein Häuschen hatte und ein Tagebuch schrieb.

### … kennenlernen

Wer die Insel kennenlernen will, der folgt am einfachsten dem ausgeschilderten **Atlantic Coast Drive** ab der Brücke vom Festland. Er führt überall durch oder zumindest vorbei – zum Beispiel **Dugort** mit dem (nicht zu besichtigenden) **Cottage von Heinrich Böll** (www.heinrichboellcottage.com), dem **Deserted Village** am Slievemore, einem der höchsten Gipfel auf Achill, dem Hauptferienort **Keel** mit mehreren Kilometern Sandstrand und dem einsamen **Strand von Keem.** Die Straße dahin, immer am Abgrund entlang, flößt Respekt ein. Die Belohnung ist eine kleine, außer im Sommer oft menschenleere Badebucht.

### ⌂ B & B alter Schule
**Inis Aoibhinn**
Familiäres Haus mit schöner Aussicht sowie einem herzhaften wie auch reichhaltigen Frühstück.
Keelwest, Dooagh, T 098 433 52 oder 087 637 28 90 | €€

### 🍴 Einfach gut
**The Beehive Craft & Coffee Shop**
Unscheinbares Café am Wegrand mit Backwaren aus eigener Produktion.
Keel, T 098 431 34 | €

### 🍴 Go West
**Gielty's Clew Bay**
Irlands angeblich westlichster Pub, im Café werden Snacks serviert, im Pub Hausmannskost zu vernünftigen Preisen.
Dooagh, T 098 431 19, www.gieltys.com, tgl. 10–21 Uhr | €€

Bölls »Irisches Tagebuch« ist immer noch ein Bestseller, als Beschreibung des heutigen Irland aber ungefähr so brauchbar wie »1001 Nacht« als Bagdad-Reiseführer.

# 11

# Im irischen Rhythmus – **Malachy in Roundstone**

**Stille ist, was die meisten Menschen mit Connemara verbinden ... bei Roundstone Musical Instruments herrscht jedoch zeitweise ein Höllenlärm. Jedenfalls in Malachy Kearns' Hinterzimmer, in dem Amateure und Profis die handgearbeiteten Bodhráns des Meisters testen. Die irische Handtrommel wird nicht ohne Grund ›Taubmacher‹ genannt.**

Wobei gar nicht sicher ist, wie traditionell das ›Tamburin des kleinen Mannes‹ wirklich ist. Der Name *Bodhrán* ist seit dem 17. Jh. schriftlich belegt: für eine Trommel oder einen flachen Behälter, in dem man die Spreu vom Weizen trennt. Also könnte der mit Ziegenleder bespannte Rahmen ursprünglich ein landwirtschaftliches Werkzeug gewesen sein, das man nach Feierabend zum primitiven Musikinstrument umfunktionierte – ähnlich wie beim Waschbrett und der singenden Säge.

Mitte des 20. Jh. hielt die *Bodhrán* Einzug in die irische E-Musik, als Seán Ó Riada sie in seinen Kompositionen einsetzte. Seitdem geht in der traditionellen Musik Irlands ohne das Minimalschlagzeug fast gar nichts mehr. Auch nicht im National-Pop-Debakel der Eurovision: ob Ryan Dolan 2013 oder Can-Linn 2014, eine flott geschwungene *Bodhrán* war immer mit dabei.

## Lieber nicht aus dem Souvenirshop

Die musikalische Qualität dieser letzteren Aufführung lässt vermuten, dass die *Bodhrán* aus einem Souvenirladen stammte und schnell noch vor dem Abflug in Dublin gekauft wurde. Wenn Sie Wert auf den guten Ton legen, dann pilgern Sie lieber in die **Werkstatt von Malachy Kearns** 🛈, der im abgelegenen Fischerort **Roundstone** seit Jahren die vielleicht besten *Bodhráns* herstellt. Ohne groß die Werbetrommel zu rühren, ist er zum Handtrommel-Guru geworden und wurde von der irischen Post sogar auf einer Briefmarke verewigt.

**ÜBRIGENS**

Sie können die *Bodhrán* auch individuell bemalen lassen – Anne Kearns nimmt dann selbst den Pinsel in die Hand.

## Musik für den Magen

Selbst wenn man nicht einmal diesem einfachsten Instrument Musik entlocken kann: Ein Besuch bei Malachy ist allein wegen der urigen Atmosphäre zwischen Werkstatt, Kleinindustrie, Musikerhimmel und Touristenstopp (Mini-Folk-Museum und Geschenkartikelladen inklusive) einfach spaßig. Und den kleinen Fischerort Roundstone kann man zu Fuss auch noch gut entdecken.

Sie sollten auch unbedingt das **Café** ❶ im Haus testen: Dort steht Malachys Lieblingspudding auf der Speisekarte. Schon eine Portion von diesem süßen Traum macht jeden gefahrenen Kilometer und die tauben Ohren wieder wett.

*Meister Malachy haut richtig rein.*

INFOS

**Roundstone Musical Instruments**
🏠: IDA Craft Centre, T 095 358 08, www.bodhran.com, im Sommer tgl. 9.15–19.30 Uhr, sonst telefonisch erfragen

REGATTA-WOCHENENDE
Ein Wochenende im Juli ist regelmäßig der **Roundstone Regatta** gewidmet – kein Segelvergnügen der Besserbetuchten, sondern handfeste Folklore, bei der Einheimische mit den traditionellen *Galway Hookers* gegeneinander antreten. Auch Ruderwettbewerbe im Currach stehen auf dem Programm.

WARUM NICHT BLEIBEN?
Seine Ruhe findet man im **Roundstone House Hotel** 🏠 (T 095 358 64, www. roundstonehousehotel.com | €€€), einem familiären und angenehm altmodischen Haus – im Pub können Sie beim Dart gegen die Einheimischen antreten.

FRISCHER GEHT ES NICHT ...
**O'Dowd's Seafood Bar** ❷ (T 095 358 09, www.odowdsseafoodbar.com,

tgl. 12–21 Uhr | €€) serviert direkt vom Kutter bestens zubereitete Hauptgerichte um 20 €. Am Abend unbedingt einen Tisch reservieren!

HOCH ÜBER ROUNDSTONE
Von Roundstone lohnt die Wanderung auf den 300 m hohen **Errisbeg** 🏠, der einen wunderbaren Ausblick bietet – mit rund 6 km Strecke hin und zurück ein zeitlich und konditionell nicht allzu anspruchsvolles Vergnügen.

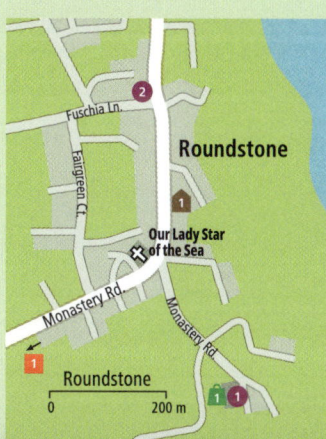

**Faltplan: B 5** | Irischer Rhythmus vom Meister selbst, 60–90 Min.

*Irischer Häuptling – eine der vielen Statuen an irischen Fernstraßen*

### Ihre Heiligkeit

**Knock** (🗺 C 4) ist eine der wichtigsten Stätten der Marienverehrung in Europa (www.knockshrine.ie) – seit 1879 etwa ein Dutzend Menschen die Heilige Jungfrau mit Joseph, dem Evangelisten Johannes und einigen Engeln an der Giebelwand der Dorfkirche sahen. Die Kirche ist mit einer gläsernen Schutzhülle versehen. Daneben steht eine gigantische moderne Basilika, in einem anderen Kirchenbau werden Beichten der Millionen Besucher wie am Fließband abgenommen. Und jeder Laden verkauft Wallfahrtsparaphernalien – etwa eine Plastik-Marienstatue als Weihwassercontainer, zum Befüllen die Krone abschrauben …

# Zentrale Seen- platte 🗺 D–E 4–5

**Roscommon und die umliegenden Counties der Midlands sind die Gegend Irlands, wo sich wirklich Fuchs und Hase ›Gute Nacht!‹ sagen – viel ländlicher geht es kaum noch. Aber es gibt auch Juwelen!**

### Boyle im County Roscommon

**Boyle** (🗺 D 4) – der hier einzig wirklich interessante Ort. Dafür sorgt zum einen die alte **Abtei,** deren beeindruckende Reste besichtigt werden können (T 071 966 26 04, www.heritageireland.ie, Ostern–Sept. tgl. 10–18 Uhr, 5 €). Interessant ist hier der Übergang von der romanischen zur gotischen Architektur, der deutlich nachvollziehbar ist, sowie die reichliche Ausstattung mit Steinskulpturen in oft schwindelnder Höhe.

Nur einen kurzen Spaziergang entfernt ist das **King House,** ein ehemaliger Herrensitz, das heute als örtliche Museum ist (Main St., T 071 966 32 42, www.visitkinghouse.ie, April–Sept. Mo–Sa 11–17 Uhr, So 11–16 Uhr, 5 €), mit einer bunten Sammlung historischer Artefakte, nachgestellter Szenen, moderner Kunst und einer Hommage an die berühmteste Tochter der Stadt, Hollywood-Legende Maureen O'Sullivan – sie spielte einst Tarzans Jane. Neben dem Eingang sind auch ein kleiner Kunsthandwerksladen und Wochenmarkt (Sa 10–14 Uhr) zu finden.

### 🍴 Nett im Herrenhaus
**King House Tearooms**
Sehr beliebtes kleines Café im Innenhofbereich, bietet eine Auswahl an süßen Stückchen und herzhaften Snacks.
Main St., Boyle, zu Museumszeiten geöffnet | € (Snacks ab 6 €)

## Unter Tage

**Arigna** (📖 D 4) liegt heute am Ende der Welt, war aber einst der Brennpunkt der irischen Energieversorgung – hier wurde bis 1990 Kohle abgebaut. Heute ist das Bergwerk als Touristenattraktion **Arigna Mining Experience** hergerichtet worden (T 071 964 64 66, www. arignaminingexperience.ie, tgl. 10–18 Uhr, 13 €). Man geht ohne Fahrstuhl unter Tage und wundert sich, wie die noch erahnbaren harten Arbeitsbedingungen über 200 Jahre ausgehalten wurden. Gut, Alternativen gab es hier nicht wirklich, sodass selbst die an sich unergiebigen und hohe Kosten verursachenden Kohlevorkommen die Region am Leben hielten. Und heute sind viele ehemalige Kumpels halt Fremdenführer.

## Geplantes Kleinod

Das kleine Dorf **Ardagh** (📖 E 5) ist Longfords verborgenes Schätzchen, wird es doch oft als ›Irlands nettester Ort‹ bezeichnet. Und nett anzusehen ist zumindest der Ortskern ohne Zweifel, selbst die Polizeistation passt eher zu Miss Marple als in das 21. Jh. Früher gab es hier einmal eine Kathedrale, in denen St. Mel gewirkt haben soll – die Ruinen sind noch da, werden aber vom Rest des Dorfes in den Schatten gestellt. Und der Hauptteil von dem entstand im 19. Jh. als geplante Siedlung für die Bediensteten und Pächter des Baronet Fetherston. Nach ›Schweizer Muster‹, was den etwas ungewöhnlichen Baustil vieler Häuser umgehend erklärt, auch wenn der mit der Schweiz so viel zu tun haben mag wie Heidi mit Heavy Metal.

## Straße im Nichts

Der **Corlea Trackway** (📖 E 5), von dem einige Meter in einem eigenen (und wirklich abgelegenen) Besucherzentrum erhalten sind, ist eine Meisterleistung des vorzeitlichen irischen Straßenbaus. Um 150 v. Chr. wurde diese etwa 3 m breite und aus massiven Eichenbohlen bestehende Chaussee quer durch das Moor gelegt. Oder in das Moor. Man weiß es nicht genau, eventuell war das Ganze eine rein rituelle Angelegenheit, kein echter Verkehrsweg. Das **Corlea Trackway Visitor Centre** (bei Kenagh, T 043 332 23 86, www.heritageireland. ie, April–Sept. tgl. 10–18 Uhr, frei) bietet auch moderne Bohlenwege in das Moor, das teilweise als Naturreservat dient.

## Mini-Kapelle

**Carrick-on-Shannon** (📖 D 4), Leitrims Hauptstadt in malerischer Lage, ist übervoll mit Hausbooten, am Wochenende auch ein Zentrum der ländlichen Junggesellenabschiede. Sonst ist das Stadtbild angenehm altmodisch, georgianische Häuser und das alte **Gerichtsgebäude** sorgen dafür. Juwel des Ortes ist die **Costello Chapel** in der Bridge Street, mit gerade 5 x 3,60 m eine der kleinsten Kirchen der Welt. 1877 wurde sie von Edward Costello gebaut, nur um als Begräbnisstätte für sich und seine Frau zu dienen.

### ⏺ Nah am Wasser gebaut

**Oarsman Bar & Café**

Charaktervoller Pub mit ansprechender Mittagskarte, am Wochenende häufig Livemusik.

Bridge St., Carrick-on-Shannon, www.theoars man.com | €€

# Sligo 📖 D 3

**Sligo selber ist provinziell, aber interessant, wenn auch in kurzer Zeit ›abgehakt‹. William Butler Yeats ist der Hauptgrund für die meisten Zwischenstopps, seine Statue das Pflichtmotiv für Beweisfotos.**

## WAS TUN IN SLIGO?

Das **Yeats Memorial Building** (T 071 914 26 93, www.yeatssociety.com, Mo–Sa 10–17 Uhr) neben der Hyde Bridge in der Obhut der örtlichen Yeats-Gesellschaft ist die Pilgerstätte der Wahl. Dabei ist die Sammlung von Werken des unbekannteren Bruders, des Malers Jack Butler Yeats, in der **Galerie The Model** (The Mall, T 071 914 14 05,

# # 12

# Das Grab des bekannten Dichters – **Yeats in Drumcliff**

**Hier liegt er nun am Fuße des Ben Bulben, wie er es sich gewünscht hat, Irlands unverstandener und oft unverständlicher Nationaldichter. Sein Grab wurde zur Pilgerstätte für Lyrikfans. Sein Grab? Kaum einer ahnt, dass dort in Frieden eventuell gar nicht William Butler Yeats ruht, sondern ein unbekannter Franzose.**

**Ü**
**ÜBRIGENS**

Der **Rundturm von Drumcliff** hat seine eigene Story – er soll, sagt man, endgültig zusammenstürzen, wenn ein wirklich intelligenter Mann vorbeigeht.

An sich war die Sache klar: Der Dichter hatte sich ausbedungen, die ewige Ruhe auf dem **Friedhof in Drumcliff 1** zu finden. Ein Verwandter war hier einst Gemeindepfarrer, der geliebte Ben Bulben ist in Sichtweite, Yeats' Lieblingsort Sligo nur einen (enthusiastischen) Steinwurf entfernt. Der nahe Stumpf eines **Rundturms 2** sowie ein reich verziertes **Hochkreuz ?** passten zu Yeats' Nationalismus und Mystizismus wie die Faust aufs Auge, weniger vielleicht der **Cross Shaft 4** ohne Kreuz.

## Der richtige Ort, aber die falsche Zeit

Doch das Todestiming passte nicht. Yeats verschied im Januar 1939 in Frankreich und wurde erst einmal in Roquebrune beigesetzt, während man das Begräbnis in Irland vorbereitete … bis der Zweite Weltkrieg dazwischenkam. Kaum war der Krieg vorbei, machte man sich an die posthume Repatriierung des Dichterfürsten. Im September 1948 kam dann endlich Yeats im Sarg an. Auf seinem Grab mahnt seitdem das selbst verfasste Epitaph: ›Wirf einen kalten Blick auf das Leben, den Tod. Reiter, zieh weiter.‹ Den kalten Blick

*Yeats konnte auch knapp, wie sein Grabstein beweist.*

werfen allerdings auch einige Historiker auf das schlichte Grab.

Denn wer da nun ruht, ist nicht ganz klar. Yeats' Grab in Roquebrune war nur eine Übergangslösung, und die Wirren des Krieges ließen den Friedhof nicht unbehelligt. Schon 1947 konnten einige Yeats-Fans gar kein Grab finden – ihnen wurde vor Ort erklärt, dass der große Ire in einem Gemeinschaftsgrab für Mittellose begraben wurde. Das sei schon lange aufgelöst und die Knochen würden in einem Beinhaus verwahrt.

## Der vertuschte Skelett-Skandal

John Ormond Thomas hatte 1948 für die Picture Post noch eine tollere Geschichte. Bei seiner Recherche in Frankreich hatte er verwirrende Unterlagen und einen neuen Sarg mit einer alten Namensplakette gefunden. Die ›Rekonstruktion‹ des Yeats-Skelettes konnte er nicht nachvollziehen, denn man zeigte ihm das Originalgrab an zwei Tagen an zwei Orten. Der einzige Hinweis auf Yeats' sterbliche Überreste war: ein Korsett! Wobei man ignorierte, dass ein weiterer Korsettträger in Roquebrune begraben lag. Thomas' Recherchen und seine Zweifel an der Identität des Gerippes kamen ›mit Rücksicht auf die Familie‹ ins Archiv. Die Wahrheit ist ohne eine forensische Untersuchung kaum überprüfbar, aber eine weitere Exhumierung des Dichters erscheint recht ausgeschlossen.

SUCHSPIEL AM RANDE
Auf dem Parkplatz verbirgt sich eine interessante **Skulptur des St. Colmcille** 7. Er gründete 575 die Klostersiedlung am Ort.

INFOS/ÖFFNUNGSZEITEN
Der **Friedhof** 1 (und damit **Yeats' Grab** 5) ist tagsüber ständig zugänglich, die **Kirche** 6 ist dagegen nur selten geöffnet.

KULINARISCHES FÜR ZWISCHENDURCH
Nahe Friedhof und Kirche befindet sich (Richtung Sligo) die **Yeats Tavern** 1 mit **Davis's Restaurant** (www.yeats tavernrestaurant.com, tgl. 12.30–20 Uhr | €€). Dort kann man ab ca. 15 € gut speisen. Abends Tisch vorbestellen!

INFOS/ÖFFNUNGSZEITEN

**Faltplan:** D 3 | Christliche Relikte und des Nationaldichters Grab, 60 Min.

www.themodel.ie, Di–Sa 10–17 Uhr,
Eintritt frei) eigentlich viel bunter und
zugänglicher.
Der Ruinenfreund wird sich dagegen
an der **Sligo Abbey** (T 071 914 64 06,
www.heritageireland.ie, April–Okt. tgl.
10–18 Uhr, 5 €) begeistern; das älteste
Gebäude der Stadt wurde 1253 für die
Dominikaner errichtet, samt dekoriertem
Altar.

## SCHLAFEN, ESSEN UND POESIE

### ⌂ Nobelherberge
**Temple House**
Nahe Ballymote wurde der Familiensitz
der Percevals (teilweise) als B & B
eingerichtet, Schlafen und Frühstücken
zwischen Antiquitäten und Familien-
schätzen, mit Blick auf eine ehemalige
Burg des Tempelritterordens.
Ballymote, www.templehouse.ie | €€€

### ⊕ Leckerle im Kaufhaus
**Lyons Café**
Das Café im traditionellen Kaufhaus
Lyons hat eine gute Kaffee- und Tee-
auswahl, süße Sachen, Sandwiches und
kleine Snacks stillen den Hunger.
Quay St., Sligo, www.lyonscafe.com, Mo–Sa
8.30–18 Uhr | €

### ⓘ Termine
**Poetisch:** Die jährliche, bunte **Yeats
International Summer School** (Ende
Juli, www.yeatssociety.com) ist ein
Highlight für Literaturfreunde.

## IN DER UMGEBUNG

### Burg mit Seeblick
Restauriert und direkt am malerischen
**Lough Gill** gelegen kommt **Parke's
Castle** (⊔ D 3) (T 071 916 41 49,
www.heritageireland.ie, April–Sept. tgl.
10–18 Uhr, 5 €) daher, eine Burganlage aus dem 17. Jh., insgesamt sehr
romantisch wirkend. Kurioses Detail ist
das ›Schweißhaus‹, irische Version der
finnischen Sauna, aus Stein gebaut.

### Metallmänner
Nordwestlich von Sligo an der engen
Einfahrt zum Hafen liegt der kleine
Ort **Rosses Point** (⊔ D 3), in dem
schon die Brüder Yeats Ferien gemacht
haben. Eins der ungewöhnlichsten
Seezeichen Irlands, der *Iron Man,* ein
überlebensgroße Matrose aus Metall,
weist Schiffen hier den rechten Weg. Im
Kontrast dazu steht das **Denkmal der
klagenden Seemannswitwe** direkt
neben der Rettungsbootstation.

*Seetang, Irlands kulinarische Geheimwaffe*

## … und Surfer

Südwestlich von Sligo dagegen liegt der Treffpunkt der Surfer: **Strandhill** (🗺 D 3), wo der lange Strand mit gutem Seegang zwar nicht kalifornische Sonne, aber wenigstens das richtige Wellenreiterfeeling bietet (zumindest mit Kälteanzug). Strandspaziergänger können Pubs, Restaurants und Eisbuden geniessen. Oder man geht in ein Seetang-Bad, das soll gut für die Haut sein.

### 🏠 Meeresrauschen
**Strandhill Lodge & Suites**
Unterkunft im ruhigen Teil des Ortes, aber in Laufweite zum Strand, günstig und ideal gelegen.
Top Rd., Strandhill, T 912 21 22, www.strandhill lodgeandsuites.ie | €€

### 🍺 Gerammelt voll
**Shells Café**
Das Café direkt an der Strandpromenade ist beliebt und meistens gut besucht – wer zuerst kommt, mahl(zeite)t zuerst … das aber richtig gut!
Shore Rd., Strandhill, www.shellscafe.com, tgl. 9–18 Uhr | €€

## Auf die Berge?

Sligos Hausberge sind der **Ben Bulben** im Norden, wo sich auch das Grab eines bekannten Dichters befindet (▶ S. 80), und der **Knocknarea** (🗺 D 3) südwestlich beim gleichnamigen Ort, beide mit abgeflachten Kuppen und einer mystischen Aura. Wer sich sportlich betätigen will und eine lohnende Aussicht sucht, der wird mit einem Aufstieg auf den Knocknarea (ab Parkplatz südlich des Berges, ca. 1 Std) zufrieden sein. Auf der etwa 327 m hohen Ebene – einen echten ›Berggipfel‹ suchen Sie vergebens – können Sie das **Grab von Königin Maeve** sehen. Sagt die Legende jedenfalls, denn der riesige **Steinhügel** (größere finden sich nur am Boyne) wurde nie ausgegraben. Die achtlos auf ihm herumkletternden Touristen und eifrige Souvenirsammler arbeiten jedoch daran … leider. Ben Bulben, 500 m hoch, ist dann von Knocknarea aus zu sehen.

## Gräber der Vorfahren

Der Steinzeitfriedhof von **Carrowmore** (🗺 D 3, T 071 916 15 34, www.heritageireland.ie, April–Okt. tgl. 10–18 Uhr, 5 €) südwestlich von Sligo ist die größte Anlage ihrer Art in ganz Irland, auch wenn viele der Grabhügel im Laufe der Jahrtausende zerstört wurden. Bis zu 60 unterschiedlich gut erhaltene Ganggräber und Dolmen sind jedoch heute noch nachweisbar, aber über die genaue Bedeutung der Anlage wissen wir nichts. Eine ›heilige Landschaft‹? Verbindungen zu weiter entfernt liegenden Anlagen und natürlichen Punkten lassen sich zumindest vermuten. Aus einem rekonstruierten Grabhügel wurde ein Teil herausgeschnitten, man kann ihn so bequem ›von innen‹ besichtigen.

# Donegal 🗺 D 2

**Donegal hat als große Sehenswürdigkeit die sehr interessante Burg mitten im Ortskern – weniger eine Verteidigungsanlage als vielmehr ein befestigter Herrensitz.**

## Ein Turmhaus …

**Donegal Castle** stammt aus dem 15. Jh., hat aber einen wesentlich wohnlicheren Umbau im 17. und eine Renovierung im späten 20. Jh. mit Neumöblierung erlebt. Die Geschichte der Burg und ihrer wechselnden Eigentümer wird anschaulich dargestellt (Castle St., T 074 972 24 05, www.heritageireland. ie, Ostern–Sept. tgl. 10–18, sonst Do–Mo 9.30–16.30 Uhr, 5 €).

## … ein Kaufhaus …

Gleich um die Ecke, am großen Marktplatz, muss man bei **Magee** (The Diamond, T 074 972 11 00, www.ma gee1866.com, Mo–Sa 10–18, So 13–17 Uhr) reinschauen, das Kaufhaus ist eine Institution. Mit der Mode geht man hier nicht, man ist bekannt für altmodische Kleidung, für Tweed in jeder Form. Und genau darauf basiert der Erfolg. Stöbern, wundern, kaufen … und vielleicht einen Tee im Café genießen.

### … und ein Kunsthandwerksmarkt

Wer noch mehr traditionelles Shopping will, der steuert das gut ausgeschilderte **Donegal Craft Village** (südlich der Innenstadt an der R267, T 074 972 22 25, www.donegalcraftvillage.com, Di–Sa 10–17 Uhr, Sommer auch Mo) an, hier haben einige örtliche Kunsthandwerker ihre Studios und Verkaufsräume.

### 🍴 Kult-Café
**Aroma**

Kleines Café mit gutem Espresso und einer bunten Speiseauswahl – 2016 als bestes Café im County gekrönt.

The Craft Village, an der R267, Donegal, T 074 972 32 22, Mo–Sa 9–17 Uhr | €–€€ (Snacks ab 7 €)

### 🍴 Zentral und beliebt
**The Blueberry**

Oft proppenvolles Café in zentraler Lage mit erstklassigen hausgemachten Snacks und verführerischen Desserts.

The Diamond, Donegal, T 074 972 29 33, www. theblueberrytearooms.ie | €

··········································

## WIEDERBELEBUNG EINES DÖRFES

··········································

Das kleine Dorf **Glencolumbkille** (🗺 D 2) (es gibt verschiedene Schreibweisen) war wahrlich das Ende der Welt und sah seinem eigenen Ende als Siedlung entgegen, als Father James McDyer 1951 in die Gemeinde kam. Der Kleriker krempelte selber die Ärmel hoch, schuf neue Betriebe und arbeitete gegen den Trend der Zentralisierung. 1967 wurde unter seiner Führung **An Clachán** geschaffen, das örtliche Heimat- und Freilichtmuseum mit nachgebauten Cottages und ›Relikten‹ (www.glenfolkvillage.com, Ostern–Sept. Mo–Sa 10–18, So 12–18 Uhr, 6 €). Ein Teil der Cottages wurde umgehend als Ferienhäuser vermietet, eine weitere Einnahmequelle.

### 🏠 Musterherberge
**Áras Ghleann Cholm Cille**

Hostel und Hotel mit sehr hohem Standard, Zimmer sind durchweg kom-

Am Samstag vor dem 12. Juli ist der Ort **Rossnowlagh** (🗺 D 3) der einzige Austragungsort einer Parade des Orange Order in der Republik Irland. Eine friedliche Angelegenheit mit verbalem Säbelrasseln. Und ein buntes Spektakel auf den Landstraßen.

fortabel und auch sehr gut für Familien geeignet. Unbedingt reservieren!

Malinmore, Glencolumbkille, T 074 973 00 77, www.arasbnb.com | €

### 🍴 Man spricht Irisch
**An Chistin**

Kleines Restaurant direkt an der Sprachschule, mit vielfältiger Speisekarte. Je nach Saison werden hier frische, lokal produzierte Waren verarbeitet.

Glencolumbkille, T 074 973 02 13, Mai–Aug. 9–21.30 Uhr | €

# Inishowen 🗺 E–F 1

**Irlands nördlichster Punkt liegt nicht in Nordirland, sondern im ›Süden‹, auf der wildromantischen Halbinsel Inishowen.**

**Malin Head** (🗺 E/F 1) liegt an der Nordwestspitze der Halbinsel Inishowen mit zerklüfteten Küsten und langen Stränden. Interessant sind auch die **Burg** in **Greencastle** (🗺 F 1) aus dem 14. Jh. und das in der Nähe gelegene **Inishowen Maritime Museum and Planetarium** (Old Coast Guard Station, T 074 938 13 63, www.inishowenma ritime.com, Mo–Fr 10–17 Uhr, im Sommer auch Wochenende, 5 €) mit seiner Sammlung von Booten. Der Badeort **Buncrana** (🗺 E 1) bietet kilometerlangen Sandstrand und gleich zwei Burgen – **O'Doherty Castle** und **Buncrana Castle**.

### 🏠 Nordende
**Sandrock Holiday Hostel**
Das nördlichste Hostel in Irland, mit fantastischem Ausblick auf den Atlantik und die Nordlichter, einfach, sauber, ordentlich.
Port Ronan Pier, Malin Head, T 086 325 63 23, www.sandrockhostel.com | €–€€ (reservieren!)

### 🍴 Meer-frisch Fisch
**Kealy's Seafood Bar**
Fisch direkt am Meer essen, in Sichtweite der Kutter – frischer geht es nicht. Und das Chowder mit frischem Brot ist immer einen Snackstopp wert.
The Harbour, Greencastle, T 074 938 10 10, www.kealysseafoodbar.ie, Mi–So 13–16 und 17–21 Uhr | €€

··········································
## IN DER UMGEBUNG
··········································

### Rund im Nichts
Geheimnisvoll wirkt der **Grianán Aileách** (🗺 E 1) (nahe Burt, tgl. 10–16 Uhr geöffnet), eines der faszinierendsten Monumente im Norden, kreisrund, aus Naturstein erbaut und mit 23 m Durchmesser bei 4 m dicken Mauern recht kompakt. Wie alt? Weiß man nicht – Theorien sprechen von einem 2500 Jahre alten Tempel, der später als Festung genutzt und königlicher Stammsitz der O'Neills wurde. Im 12. Jh. wurde die Anlage teilweise zerstört, im 19. Jh. dann restauriert. Wie viel dabei ›Inspiration‹ und ›Interpretation‹ war, ist nicht bekannt. Beeindruckend ist der robuste Steinkreis auf jeden Fall, der im Innern fast wie ein Amphitheater wirkt.

### Der nördlichste Nationalpark
Der **Glenveagh National Park** (🗺 D–E 1–2) (T 01 539 32 32, www.glenveaghnationalpark.ie) rund 20 km westlich von Letterkenny unterhalb der Derryveagh Mountains begeistert mit ursprünglichen, oft geheimnisvoll wirkenden Landschaften. Wie etwa dem **Poisoned Glen,** einem Tal voller Marsch- und Sumpfgebiete zwischen steilen Klippen. Rotwild und Adler sind in diesem Nationalpark wild zu sehen, durch die Berglandschaft führen herrliche Wanderwege. Am Südufer des Lough Veagh steht **Glenveagh Castle,** ein Märchenschloss aus dem 19. Jh. Die Besichtigung der Gärten und des Hauses ist möglich (tgl. 10–18, Okt.–März 9–17 Uhr, 5 €, Anfahrt nur mit Shuttlebus vom Eingangsbereich des Nationalparks aus).

*Eine feste Burg – der Grianán of Aileách*

# # 13

# Hoch über dem blaugrauen Meer – **Slieve League**

**Rund 600 m zum Meer, das klingt gar nicht weit, oder? Bis Sie dann hören, dass diese Entfernung mit einem Schritt und in elf Sekunden bewältigt werden kann. Denn an den Klippen des Slieve League liegt das irische Festland bis zu 601 Meter direkt über dem atlantischen Ozean. Der freie Fall ist da wenig erstrebenswert.**

Unweit des Fischereihafens **Killybegs** können Sie die gigantischen Klippen des **Slieve League** 1 besichtigen, die frei zugänglich sind und sich hier ohne jede Konzession an den Tourismus erheben – von spärlicher Beschilderung und einem Parkplatz abgesehen. Sie sind dreimal so hoch wie die wesentlich berühmteren und hoffnungslos vermarkteten Cliffs of Moher (▶ s. S. 67) und noch dazu ohne Kassenhäuschen.

Dabei ist der **Klippenpfad** 2, der am oberen Parkplatz beginnt und dann bis nach **Malin Beg** 3 führt, nichts für Fußlahme oder Nervöse. Es geht nicht nur teils steil über Stock und Stein. Nein, linker Hand droht auch noch immer der Abgrund. Mal liegen einige Meter Grünfläche zwischen Ihnen und der Kante; mal ist sie so nah, dass Sie mit ausgestrecktem Arm die Kamera nach unten richten können. Am **One Man's Pass** 4 ist es auch so eng, wie der Name andeutet. Eine Gratwanderung, aber nicht unbedingt lebensgefährlich.

## Vorsicht vor der bissigen Natur

Es sei denn, Sie wollen den Klassiker ›Ich gegen die Natur!‹ knipsen, also weit hinausgelehnt und dann nur noch von der steifen Brise an Land gehalten. Sieht klasse aus. Aber wehe, wenn der Wind plötzlich abflaut … Naja, nicht empfehlenswert. Auch bei Frost, Nebel und schlechter Sicht sollten Sie hier nicht wandern.

Ohnehin ist die Aussicht hier das einzig Entdeckenswerte. **Ruinen und Relikte** 5 im Bereich der Klippen machen auf Selfies nicht viel her, obwohl

Absicherungen? Man geht davon aus, dass sich die Leute dem Rand der Welt mit Respekt nähern. Was auch zu klappen scheint. Jedenfalls hört man recht selten von Unfällen.

*Schwindelfrei am
Slieve League*

die fast vollkommen verschwundenen Reste einer
Kirche und mehrerer Einsiedlerhütten begeistern
können. Was Sie hier finden: die endlose Weite
des Atlantiks jenseits der 601 m Felswand. Bei
dichten Wolken allenfalls erahnbar; und auch das
hat seinen Reiz. Nur sollten Sie dann immer auf
den festen Pfaden bleiben, sonst haben Sie erst
elf Sekunden später wieder Bodenkontakt.

### INFOS

**Slieve League** 1 ist immer erreichbar:
Von der R263 in Carrick nehmen Sie die
Straße Richtung Teelin. In Teelin zweigt
der Weg zum Klippenparkplatz rechts
ab. Es geht steil bergauf, Viehgatter
müssen geöffnet (und wieder geschlossen!) werden. Ein erster **Parkplatz** 6
linker Hand ist für größere Fahrzeuge
geeignet, normale Personenwagen können jedoch der engen, sich am Abgrund
entlangschlängelnden Straße bis zum
**Klippenparkplatz** 7 folgen. Vorsicht
vor freilaufenden Schafen und noch
freier herumlaufenden Wanderern!

### SCHLAFEN UND ESSEN

Die **Slieve League Lodge** 1 bietet
einfache, aber gute Unterkunft, Restaurant und einen traditionellen Pub in
Klippennähe (Main St., Carrick, T 074
973 99 73, www.slieveleaguelodge.
com | €€).

### KULINARISCHES FÜR ZWISCHENDURCH

In Teelin findet sich das gemütliche
Café der Clarkes, **Ti Linn** 1, wo Sie

hausgemachtes Gebäck und auch
Mittagssnacks genießen können. Dazu
gibt's auch einen kleinen Laden für Sou-
venirs und Kunsthandwerk (T 074 973
90 77, www.slieveleague.com | €).
**Melly's Café** 2 in Killybegs ist ein ein-
faches Restaurant mit großen Portionen
zu fairen Preisen (Main St., Killybegs,
T 074 973 10 93 | €). Hier genießt
man nicht das Ambiente, sondern wird
fangfrisch gut und lecker satt.

# Irlands Norden

Nordirland hat die Bezeichnung ›Unruheprovinz‹ schon lange nicht mehr verdient. Denn es ist (manchmal etwas angespannte) Ruhe eingekehrt, und die schwer bewaffneten Soldaten sind längst aus dem Alltagsbild verschwunden. Bis heute ist dieses Land, Teil des Vereinigten Königreichs und somit Brexit-geplagt, eine immer noch wenig besuchte, aber enorm reizvolle Ecke Irlands. Am Giant's Causeway etwa kann man in den Fußstapfen der Helden wandeln, Richtung Schottland.

*Friedensbrücke in Derry. Oder Londonderry.*

# Derry/London-derry  E/F 1

**Die historische Stadt im Nordwesten wird immer noch mit dem Makel der Gewalt in Zusammenhang gebracht, man kann sich nicht mal auf einen Namen einigen. Nationalisten bevorzugen Derry, Loyalisten Londonderry, wer das alles Leid ist, nennt sie ›Stroke City‹, Stadt des Schrägstrichs.**

Aber am Foyle liegt längst nicht mehr der zarte Geruch von Tränengas und brennenden Autos in der Luft, es ist friedlich geworden. Richtig zusammenleben tut man hier nicht, aber zumindest nebeneinander, ohne sich die Schädel einzuschlagen.

## WAS TUN IN DERRY?

### Auf der Mauer
Als Besucher kann man Derry in einem halben Tag recht gut abhaken, wirklich viel zu sehen gibt es nämlich nur im **Stadtkern.** Der aber hat es in sich, oder besser um sich – die komplett erhaltene mittelalterliche **Stadtmauer,** deren unbezwungener Zustand den Beinamen ›Maiden City‹ begründet und deren Tore von protestantischen Lehrjungen den Jakobiten 1688 vor der Nase zugepfeffert wurden. Ein Spaziergang auf der Mauer zeigt einem dann nicht nur die besten Punkte der Stadt, sondern auch die alten Konfliktpunkte, noch immer deutlich mit überdimensionalen Wandmalereien kenntlich gemacht. Direkt an der Mauer steht zudem die neogotische Stil **St. Columb's Cathedral,** (T 028 712 673 13, www.stcolumbscathedral.org, tagsüber geöffnet), die erste neu gebaute und nicht römisch-katholische Kathedrale in Westeuropa, im viktorianischen Zeitalter prunkvoll umgebaut.

### Geschichte von Menschen
Das **Tower Museum** (Union Hall Pl., T 028 71 37 24 11, www.derrystrabane.com, tgl. 9–17.30 Uhr, 4 £) informiert umfassend über die Stadtgeschichte von Stein- bis Neuzeit mit der Ausstellung »The Story of Derry«, in deren Mittelpunkt vor allem die Menschen stehen. Sehenswert ist auch die **Guildhall,** das 1890 erbaute Rathaus (Guildhall St., www.derrystrabane.com, Mo–Fr 9–20,

Sa/So 9–18 Uhr, Eintritt frei) mit seinen farbenprächtigen Glasfenstern und der größten Uhr Irlands.

### … und des Nordirland-Konflikts

Wer mehr über den Konflikt wissen will, wird meistens zu den **Bogside Artists** geschickt, deren großflächige Wandmalereien Häuser vor allem in der Rossville Street schmücken – von realistischen Schlachtgemälden bis zu mehr abstrakten Kreationen, im republikanischen Herzland.

Will man jedoch beide Seiten der Medaille sehen, lohnt sich ein Blick in den Sitz der **Apprentice Boys** (Apprentice Boys' Memorial Hall, 13 Society St., T 028 71 26 35 71, www.apprentice boysofderry.org, Mo–Sa 10–16.30 Uhr, Führung 2 £), die ebenfalls die Geschichte Londonderrys zu erklären versuchen, aus ihrer Perspektive eben. Die Wahrheit liegt, wie so oft, irgendwo dazwischen.

## SCHLAFEN, ESSEN UND SPUKEN

### ⌂ Zentral gut
**Maldron Hotel Derry**
Das ehemalige Tower Hotel ist das einzige Hotel innerhalb der historischen Stadtmauern, aber in ruhiger Lage.
Butcher St., Derry, T 028 71 37 10 00, www. dalatahotelgroup.com | €€ (ab 100 £)

### 🍺 Informell
**Browns in Town**
Eher preiswertes, aber gutes Restaurant mit kreativ zubereiteten Speisen, Fisch in Bierteig ist sehr zu empfehlen.
21 Strand Rd., T 028 71 36 28 89, www.brown sintown.com, Mo–Sa 12.30–21, So 17–20.30 Uhr | €–€€ (um 12 £)

### 🍺 Familiengerecht
**Fitzroy's Bistro**
Modernes, lebendiges Restaurant neben dem Foyle-Einkaufszentrum, viele Geflügelgerichte und auch lecker Vegetarisches.
2–4 Bridge St., Derry, www.fitzroysrestaurant. com, Mo–Sa 12–22, So 12–21 Uhr | €€ (ab 12 £)

### ℹ Infos und Termine
**Tourist Information Derry City:**
Waterloo Place, T 028 71 26 72 84, www.visitderry.com
**Halloween Festival:** Ende Oktober (www.derryhalloween.com), die größte und beste Spukshow in ganz Irland – auch ohne Politiker.

## IN DER UMGEBUNG

### Landsitz in prekärer Lage

Östlich der Stadt Derry ist vor allem die **Downhill Demesne** (🗺 F 1) (T 028 20 73 15 82, www.nationaltrust.org. uk, ganzjährig tagsüber, Parkgebühr 5 £) besuchenswert, ein in der Obhut des National Trust liegendes Gelände mit den immer noch beeindruckenden Ruinen eines Landsitzes auf hohen Klippen. Dr Frederick Hervey, Lord-Bischof von Derry, ließ sich das gar nicht bescheidene Anwesen um 1770 erbauen. Die Meinungen waren geteilt, ein Besucher sprach 1812 von einem ausufernden, aber hässlichen Bau. Dass die spektakuläre Lage nicht unbedingt ideal war, schien dagegen Konsens zu sein. Aber immerhin hatte man Zugang zum Strand tief unten, wo der Bischof einst klerikalen Nachwuchs bei Wettrennen mit der Peitsche motiviert haben soll. Und der noch immer am äußersten

*Wandmalereien halten Erinnerungen wach.*

Rand der Klippe klammernde **Mussenden Temple,** früher eine Bibliothek, ist ohne Zweifel einer der sensationellsten Anblicke an der Küste.

### 🏠 Ländliche Idylle
#### Downhill Beach House
Preisgekröntes Hostel mit Schlafsälen und Familenzimmern in einer alten Villa.

Glenhassan Hall, 12 Mussenden Rd., Downhill, T 028 70 84 90 77, www.downhillbeachhouse. com | €–€€ (Bett ab 10 £)

# Causeway Coast

🗺 G 1

**Die Causeway Coast ist zweifelsohne eine der schönsten Landschaften Nordirlands, daher auch nur teilweise menschenleer – im Sommer wuselt es, im Winter hingegen kann es einen auch schon mal wegwehen.**

### Thronränke
Nur eine kurze Strecke westlich des Giant's Causeway (▶ S. 94) steht die Ruine des **Dunluce Castle** (🗺 G 1) (T 028 20 73 19 38, tgl. 9.30–16, Sommer bis 17 Uhr, 6 £) auf einem rauen Felsen hoch über dem noch raueren Meer, uneinnehmbar wirkend. Aber nicht unzerstörbar, schließlich sind ganze Teile der früher noch imposanteren Burg bei Sturm und Wind sukzessive in den Abgrund gerutscht. Ein beeindruckender Anblick ist das trutzige Anwesen dennoch auch heute noch. Nicht nur, dass

Zwischen dem Dorf Bushmills und dem Giant's Causeway verkehrt auch eine altmodische Schmalspurbahn, ein kurzer Abstecher lohnt sich für Eisenbahnfans. Infos unter giantscausewayrailway.webs.com.

Jackie Chan hier eine Spionage-Comedy drehte, auch in der Serie »Game of Thrones« kommt die Burg zum Zuge – allerdings mit Spezialeffekten so stark verändert, dass man sie nicht sofort wiedererkennt.

### Sandstrand mit Klippen
In den letzten Jahren touristisch wesentlich besser erschlossen wurde der noch westlicher gelegene **Whiterocks Beach** (🗺 G 1), eine bizarre Strandlandschaft mit Surfpotenzial und einer aus den Kalksteinklippen herausgespülten weißen Wunderwelt. Die zu Spaziergängen und Erkundungen einladenden Felsformationen tragen Namen wie ›Shelagh's Head‹, ›Wishing Arch‹, ›Elephant Rock‹ und ›Lion's Paw‹ – und mit etwas gutem Willen kann man diese beschreibenden Titel auch schnell nachvollziehen. Zwar nicht mehr ganz so einsam wie noch vor einigen Jahren, aber wesentlich ruhiger als die Strände im nahegelegenen Badeort **Portrush** (🗺 F 1).

### Hängepartie
Die viel fotografierte Hängebrücke von **Carrick-a-Rede** (🗺 G 1) (www. nationaltrust.org, wetterabhängig tgl. 9.30–mind.15.30 Uhr, 13 £) östlich des Giant's Causeway mag einen Abstecher wert sein, wenn man zum einen schwindelfrei ist, zum anderen unbedingt auf eine kleine Insel will, die an sich nicht mehr als das Festland zu bieten hat. Hier ist der Weg wirklich das Ziel, allein die Überwindung der Brücke die besondere Attraktion.

### Whiskey, echt alt
Freunde des guten Tropfens haben allerdings nur ein Ziel – **Bushmills** (🗺 G 1). Der kleine Ort mit seinem zentralen Kriegerdenkmal hat nicht nur das **Scotch House** zu bieten, Irlands Pub mit der vielleicht besten Auswahl an schottischem Whisky, sondern auch am Ortsrand die **Old Bushmills Distillery** (2 Distillery Rd., www.bushmills. eu, Wiedereröffnung für Touren 2023 geplant). Sie ist nunmal Irlands älteste

*Altmodischer Süßwarenladen im Ulster American Folk Park*

Whiskeybrennerei. Zumindest die älteste legale. Sie ist auch die einzige voll arbeitende, in der man als Besucher der Herstellung beiwohnen kann – nur am Sonntag ruhen die Fließbänder. Wobei die Luft allein schon einen leichten Schwips verursachen kann, sodass man am Ende einen Schluck zur Stärkung bekommt. Der Ausgang führt durch den Souvenirshop, wo auch die edleren Varianten des Bushmills Whiskey verkauft werden.

### 🏠 Nah am Causeway
**Bushmills Youth Hostel**
Modernes Hostel im Ortskern, der 3 km entfernte Giant's Causeway ist zu Fuss zu erreichen.
49 Main St., Bushmills, T 028 20 73 12 22, www.hini.org.uk | € (Bett ab 18 £, DZ ab 33 £)

### 🍴 Beliebtes Café
**Lilly's**
Kleines, aber sehr gutes Café direkt im Ortskern, ideal für den Snack zwischendurch.
64 Main St., Bushmills, T 028 20 73 05 68, 9–16 Uhr | €

### ❶ Termine
Der letzte Montag und Dienstag im August sind in **Ballycastle** (🗺 G 1) (www.causewaycoastandglens.gov.uk) ganz traditionell, die **Oul' Lammas Fair** wird gefeiert. Mit *Dulse* (sonnengetrockneter Seetang) und *Yellow Man* (Zähne zerstörendes Konfekt).

## KULTURERBE UND EMIGRATION

### Früh besiedelte Bergwelt
Die **Sperrin Mountains** (🗺 F 2) bieten wirklich unverfälschte Natur, Wanderungen in den bis zu 700 m hohen Bergen, durch Moore und Heidelandschaft mit prähistorischen Gräbern und Menhiren, sind oft sehr einsam. Informationen gibt es im **Sperrin Heritage Centre** (274 Glenelly Rd., Gortin, April–Okt. Mo–Fr 11–18, Sa 11.30–18, So und feiertags 14–18 Uhr, 2 £) unmittelbar am **Mount Sawel** (678 m).

### Emigrationsmuseum zum Anfassen
Wer sich über die Emigration in die ›Neue Welt‹ informieren will, der ist im **Ulster American Folk Park** (🗺 F2) richtig (2 Mellon Rd., Castletown, T 028 82 24 32 92, www.nmni.com, Sommer Di–So 10–17, Winter Di–Fr 10–16, Sa/So 11–16 Uhr, 12 £) – und kann gleich mitmachen. Die Kombination aus Ausstellung und Freilichtmuseum zeichnet

In den Sperrin Mountains gibt es Edelmetall, mancher Glückspilz soll sogar beim Goldwaschen in den Bergbächen Erfolg gehabt haben.

# 14

## Nach Schottland, kürzester Weg – **Giant's Causeway**

**Auf die Perspektive kommt es an: Von oben betrachtet sieht es wirklich so aus, als ob sich hier jemand auf den Weg nach Schottland machen wollte. Und von unten? Ja, eine Treppe in den Himmel kommt mir in den Sinn. Beides gar nicht so abwegig – und beides legendär.**

Der **Giant's Causeway** 1, UNESCO-Weltkulturerbe und einer der meistbesuchten Orte in Nordirland, hat etwas Mystisches. Seltsam gleichförmige Steinformationen bilden die Steilküste und ragen wie Halbinseln ins Meer hinein, als hätte jemand gigantische Bauklötze gestapelt. Die Legende besagt, der Krieger und Riese Finn Mac-Cool habe dieses Wunderwerk geschaffen. Dabei wollte er schlicht trockenen Fußes der Liebe wegen nach Schottland. Also baute er einen Damm. Logisch eigentlich, denn immerhin gibt es auf der schottischen Insel Staffa ähnlich bizarre Felsen.

Alles Erfindung, sagen die Geologen – in Wahrheit sind die durch vulkanische Aktivität glühendheißen Basaltsteine nach oben gedrückt worden, kamen mit Meerwasser in Berührung und kühlten sofort in annähernd hexagonaler Form ab. Keine Riesen, keine Mystik, dennoch schön anzusehen. Romantisch oder realistisch? Sie entscheiden, an welche Version Sie glauben.

## Das ganz große Open-Air-Kino

Denn die Hauptattraktion ist ohnehin nicht die graue Theorie, sondern die bei richtigem Lichteinfall rötlich schimmernde Praxis: die ins Meer abfallenden **Steinformationen** 2 am Causeway. Ob nun Vulkan oder Riese; hier wurde ein schönes Stück Erde geschaffen, das Sie vor oder nach Wanderungen entlang der Klippen frei erklettern können.

Mein Standardbesuch sieht allerdings so aus: guten Sitzplatz mit Blick aufs Meer ergattern und Energie tanken! Fast unvermeidlich driften die Ge-

**S**
**SPAREN**

Öko wird hier belohnt: Wer **mit dem Bus** aus dem Ort Bushmills anreist oder sonstwie **ohne Auto** ankommt und den Parkplatz entlastet, kann einige Pfund Eintritt sparen.

danken in die Phantasiewelt des Riesen Finn. Ein idealer Ort, um irische Sagen zu lesen. Viele der Basaltsäulen geben sogar recht bequeme Sessel ab. Das führt bei Hobbyfotografen zum Verdruss, die ganz schnell eine menschenleere Idylle ablichten wollen. Die finden Sie hier nämlich allenfalls im Winter, bei Sturm, früh am Morgen oder spät am Abend. Denn allein sind Sie am Giant's Causeway fast nie. Ein schöner Aussichtspunkt befindet sich am **Giant's Boot** **3**, einem stiefelförmigen Findling.

Da trügt der Eindruck, den vielleicht Altrocker noch im Gedächtnis haben, als Led Zeppelin für das Cover von »Houses of the Holy« diesen Ort nutzte. Zwei Jahre nach dem Erfolg von »Stairway to Heaven« ließen sie am Giant's Causeway einsam nackte Kinder nach oben gen Himmel kraxeln. Bitte nicht nachmachen …

*Seltsam gleichförmig, aber nie vollkommen identisch – Basaltsäulen*

### INFOS

Der Giant's Causeway ist immer zugänglich, kostenpflichtig ist lediglich das **Visitor Centre** **4** (T 028 20 73 18 55, www.nationaltrust.org.uk, tgl. März/Okt. 9–18, April–Sept. 9–19, Nov.–Feb. 9–17 Uhr, 13 £ inkl. Parkplatz). Der Shuttlebus Besucherzentrum–Causeway kostet extra, lohnt für den Rückweg.

### KULINARISCHES FÜR ZWISCHENDURCH

Im **Besucherzentrum** **1** bekommen Sie Kaffee oder Tee und kleine Snacks, sonst sieht es mau aus.

### BUMMELN MIT DER BIMMELBAHN

Unhistorisch, aber nett: Einer der romantischsten Wege zum Ziel führt über Schmalspurschienen – die **Giant's Causeway & Bushmills Railway** **5** (T 028 20 73 28 44, 5 £) fährt Besucher von Bushmills in die Laufnähe des Causeway. Hat zwar nichts mit dem historischen Giant's Causeway Tramway zu tun, ist aber dennoch ein Stück ›gute alte Zeit‹.

### WANDERTIPPS

Rund um den Giant's Causeway lässt es sich herrlich spazieren – der National Trust hat dazu einige **Wanderrouten** zusammengestellt (unter www.nationaltrust.org.uk/giants-causeway/lists/take-a-hike), die auch für Ungeübte und Nichtriesen zu meistern sind.

Giant's Causeway

Ballycastle

Causeway Road

↓ Portstewart, Derry, Bushmills

**Faltplan:** G 1 | Naturdenkmal von Weltrang, ca. 2 Std.

*Rundturm auf Devenish – nur per Boot erreichbar*

die Geschichte der Auswanderung von Iren nach Nordamerika nach. Zum Anfassen, mit kostümierten Schauspielern, originalgetreu nachgebauten Häusern von beiden Seiten des Atlantiks und sogar mit einem Segelschiff für die Passage. Naja, einer recht guten Imitation zumindest. Man sollte sich einige Stunden Zeit nehmen, denn zum einen ist der Park weitläufig, zum anderen erzählen die ›Bewohner‹ gerne Geschichten, bei denen das Zuhören lohnt. Das **Café-Restaurant** im Park sorgt für bezahlbare Stärkung zwischendurch.

# Enniskillen 🗺 E 3

**Enniskillen an der Verbindung zwischen den beiden Teilen des Lough Erne ist heute ein beliebter Anlaufpunkt für Bootstouristen. Die teilweise recht gemütliche Innenstadt bietet Pubs und kleine Geschäfte.**

### Kurz und knapp …

An der Peripherie warten riesige Supermärkte auf lokale und aus der Republik angereiste Kunden – vor allem Alkoholika sind unabhängig vom Wechselkurs hier (relativ gesehen) spottbillig. Den Ort kann man binnen einer Stunde zu Fuß bequem erkunden, allenfalls das **Rathaus** und die zwei **Kirchen** auf dem nächsten Hügel laden zum längeren Verweilen ein. Alternativ kann das **Cole's**

**Monument** für einen Rundblick über Ort und Lough Erne genutzt werden (Eintrittskarten nur im Touristenbüro am Busbahnhof).

### … und etwas ausführlicher

Das außerhalb des Stadtkerns gelegene Museum im trutzigen **Enniskillen Castle** (T 02 98 66 32 50 00, www. enniskillencastle.co.uk, Mo–Fr 9.30–17, Sa 11–17, Juni–Sept. So 11–17 Uhr, 5 £), dem der Schutz der Verkehrswege oblag, ist durchaus ein oder zwei Stunden wert.
Attraktiv ist auch die schöne Fahrt mit der **MV Kestrel,** einem Wasserbus. Der fährt zu saisonal unterschiedlichen Zeiten ab dem Round O Quay (Richtung Donegal, T 028 66 32 28 82, www. ernetours.com, 12 £) auf Lough Erne hinaus. Eine Besichtigung der sonst kaum zugänglichen Ruinen und des **Rundturms auf Devenish Island** ist eingeschlossen.

### ⌂ Nah zu Stadt und See
**Enniskillen Hotel**
Modernes Hotel mit sehr guter Lage, ideal als Basisunterkunft für die Lakelands in den günstigeren Motel Rooms.
72 Forthill St., Enniskillen, T 028 66 32 11 77 | €€ (DZ ab 65 £)

### 🍴 Lokalinstitution
**Rebecca's Coffee Shop**
Café und Restaurant im Handwerker- und Künstlermarkt, gute Auswahl an

Kuchen. Salate und Shepherd's Pie machen garantiert satt.

Buttermarket, Enniskillen, Mo–Sa 9.30–17 Uhr | €€ (um 10 £)

## IN DER UMGEBUNG

### Fermanagh's Herrenhäuser

**Castle Coole** (🗺 E 3) (www.natio naltrust.org.uk, Gelände tgl. 10 Uhr bis Sonnenuntergang, Haus nur an Wochenenden im Sommer mit Führung, Park 4 £, mit Hausbesichtigung 10,50 £) ist vor allem wegen seines gewagten Dienstboteneingangs interessant – um die Vista in dem 1798 als Sommersitz für Lord Belmore fertiggestellten Anwesen nicht durch arbeitenden Pöbel zu beeinträchtigen, wurde ein auch für Fuhrwerke geeigneter Tunnel angelegt, der Lieferungen direkt in die Wirtschaftsräume im Souterrain erlaubte.

**Crom Castle** (🗺 E 4) (www.natio naltrust.org.uk, März–Okt. tgl. 10–18 Uhr, 6,50 £) stammt aus dem 1840ern, das im Tudor-Stil errichtete Märchenschloss war Ersatz für eine (versehentlich) abgefackelte Festung. Das neue Schloss ist nur von außen zu sehen, dafür sind die umliegenden Ländereien, komplett mit Burgruine und Nebengebäuden für Besucher freigegeben. Prachtvoll kommt auch **Florence Court** (www.nationaltrust.org.uk, Gelände tgl. 10–17 Uhr, 7 £, Haus nur im Sommer mit Führung, dann 11,50 £) daher, landschaftlich schön am Fuß des Cuilcagh gelegen mit einem herrlichen Park. Der ehemalige Sitz der Earls of Enniskillen wurde um 1780 fertiggestellt und ist heute für seine ausufernden Rokoko-Deko und feinen Möbel bekannt.

### Höhlen, Heiden, Handwerk

Unweit von Florence Court findet sich eine ganz andere Attraktion, und zwar der Geopark rund um die **Marble Arch Caves,** ein ideales Areal für wetterfeste Wanderer. Die Höhlen, deren Besichtigung mit einer unterirdischen Bootsfahrt beginnt, sind teilweise für Besucher erschlossen (T 028 66 34 88 55, www.

marblearchcaves.co.uk, März–Okt. tgl. ab etwa 10–mind. 15 Uhr, 12 £). Kein Muss, aber interessant und durch viele beeindruckende Steinformationen auch abwechslungsreich. Achtung – je nach Wetterverhältnissen sind die Höhlen zeitweise geschlossen.

### Boa Island

Nördlich von Enniskillen ist **Boa Island** (🗺 E 3) zu erwähnen (über Brücken mit dem Festland verbunden), wo auf dem Friedhof von **Caldragh** direkt an der A47 zwei Steinfiguren aus der Vorzeit stehen. Ihre Bedeutung ist weitgehend unbekannt, das Alter wird auf mindestens 1200 Jahre geschätzt.

### Belleek

Nur einige Kilometer weiter nördlich ist die Kunst feiner – in **Belleek** (🗺 D 3) wird Porzellan hergestellt und in alle Welt verkauft. Ein Besuch in der **Porzellanmanufaktur** (www.belleek.com, Mo–Fr 10–16, März–Dez. Sa 10–16, So 12–16, Eintritt frei, Fabrikbesichtigung 4 £) lohnt sich, eine kleine Ausstellung informiert über die Geschichte, und der Verkaufsraum bietet die ganze Palette der Produkte feil. Inklusive garantiert sicherem Versand in alle Welt. Empfehlenswert auch das große **Café,** das eine reichhaltige und recht preisgünstige Speiseauswahl für ermüdete Porzellankäufer bietet.

### 🍽 Nostalgie-Café
**The Thatch**
Café im letzten Original-Reetdachhaus von Fermanagh, mit hausgemachten Suppen und Sandwich auf Bestellung.

22 Main St., Belleek, T 028 68 65 81 81, Mo–Sa 9–17 Uhr, im Winter erst ab 10 Uhr | € (Snacks ab 5 £)

# Armagh 🗺 F/G 3

**Der Spitzname Cathedral City kommt nicht von ungefähr: Hier haben die beiden großen Kirchen auf gegenüberliegenden Hügeln ihre Bischofssitze etabliert (beide**

tagsüber geöffnet), und auch die Presbyterianer bauten nicht unbedingt bescheiden.

### Stadt der Kathedralen

Der Grund? Im 14. Jh. wurde Armagh zum Hauptquartier des irischen Christentums gemacht. Dieses päpstliche Edikt gilt bis heute. Die jeweiligen Erzbischöfe sind *Primates* ganz Irlands. Wobei der Church of Ireland der bessere Standort zufiel: die ursprüngliche **St Patrick's Cathedral,** an der auch Hochkönig Brian Boru begraben sein soll (www.stpatricks-cathedral.org). Das Gemäuer wirkt trotz mehrfacher Renovierung mit seinem kurzen, stumpfen Turm immer noch mittelalterlich und weist neben schönen Glasfenstern auch einige archäologische Fundstücke auf.

Ein Kontrastprogramm gibt es dann schräg gegenüber in der viktorianischen **Kathedrale der Katholiken** (www.armaghparish.net), in der man mit fast barockem Prunk nicht zurückgehalten hat.

Eine weitere, etwas exotischere Attraktion in Armagh ist die **Sternwarte** mit Planetarium (College Hill, T 028 37 52 36 89, www.armagh.space, Mo–Sa 10–17 Uhr, 9 £) und Museum zu Astronomie und Weltraumfahrt.

### Vorzeit erleben

Etwas außerhalb der Stadt befindet sich das **Navan Centre** (81 Killylea Rd., T 028 37 52 18 01, www.visitarmagh.com, Di–So 10–17, Eintritt 6,50 £), eines der Highlights von Ulster. In **Emain Macha** hatten die mächtigen Könige von Ulster ihren Sitz. Der mächtige, künstlich geschaffene Hügel und das nahegelegene **Besucherzentrum** machen Geschichte anschaulich. Auch mit einer rekonstruierten Siedlung der Vorzeit, in zeitgenössischen Kostümen führen die ›Bewohner‹ Besucher in das damalige Leben zurück.

### ⌂ Gute Herberge
**Armagh City Hostel**
Eine moderne und komfortable Jugendherberge, die mitten in der Stadt liegt,

ideal für einen Besuch in der ›Cathedral City‹.

39 Abbey St., T 028 37 51 18 00, www.hini.org.uk | €–€€ (Bett ab 19 £)

# Belfast 🗺 G–H 2

**Die nordirische Hauptstadt ist so ein Fall für sich … längst ist das Risiko für einen Besucher, in einen Terroranschlag verwickelt zu werden, auf allgemeines europäisches Niveau gesunken. Dafür birgt die Stadt trotz, oder vielleicht gerade wegen, ihres kompakten Kerns das Risiko, sich bei der Parkplatzsuche herzhaft zu verzetteln, und selbst zu Fuß dort herauszukommen, wo man eigentlich nicht hinwollte.**

## WAS TUN IN BELFAST

### Zum Glück verirrt

Was ein Glücksfall sein kann: Manche Highlights liegen im Verborgenen. Nehmen wir die *Entries,* alte Gassen zwischen den Hauptstraßen, teilweise unauffällig wie Hauseingänge, werden sie von den hektischen Besuchern nicht wahrgenommen. Dabei sind sie ein Stück altes Belfast und die Heimat einiger guter Pubs. Oder die **College Street 1**, eine hässliche Gegend mit prima Backwaren und Feinkost zum Träumen. Oder den **St. George's Market 2**, am Wochenende eine pulsierende Markthalle. Oder **Winetavern Street 3**, wo man die besten Bonbons bekommen kann: Alles nicht direkt an der Touristenroute und alles extrem sehenswert.

Kurzum – Belfast wird, zumindest in der Innenstadt zwischen River Lagan und Westlink-Stadtautobahn (A12), zwischen **St. Anne's Cathedral 4** und **Queen's University 5** am besten mit viel Neugier erkundet, auch mal in Seitengassen abdriftend. Selbst wenn Sie dann im streng loyalistischen Viertel der **Sandy Row 6** landen können, Angst müssen Sie nicht haben.

### Belfasts bunte Innenstadt

Das Stadtzentrum prunkt mit der um 1900 im Stil eines Renaissance-Palastes errichteten **City Hall** 🔢7 (T 028 90 27 04 56, www.belfastcity.gov. uk, Mo–Fr 8.30–17 Uhr). Das mit Marmor verkleidete Foyer mit seinen Buntglasfenstern und Wandgemälden ist allein einen Blick wert. Die stadtgeschichtliche Ausstellung im Haus kann man Mo–Fr 9.30–17 und Sa/So 10–17 Uhr kostenlos besuchen. Die Anlagen rund um das Rathaus sind ein beliebter Treffpunkt, mit viktorianischen Statuen von Kriegern, Forschern und der Königin selber sowie dem **Denkmal für die Opfer der Titanic** 🔢8.

### Shoppen

Die nahe Haupteinkaufsstraßen Belfasts, **Royal Avenue** 🔢 und **Donegall Place** 🔢, bieten ästhetische Kontraste, Plattenbauten und reich verzierte Fassaden im Wechsel, einen sehenswerten **Tesco Metro-Supermarkt** 🔢 in einer alten Bank, das **Castle Court Shopping Centre** 🔢 (www. castlecourt-uk.com) und den dahinter versteckten **Smithfield Market** 🔢, Heimat mehrerer kurioser Lädchen. Gegenüber findet sich am Ende einer Ladenreihe in der Winetavern Street ein rund 100 Jahre altes Süßwarengeschäft namens **Olde Tyme Favourites** 🔢, das die Leckereien noch nach Gewicht aus dem großen Glas verkauft (www.otf sweets.com). Wahrscheinlich der beste Naschtempel in Belfast. Wer einen Blick über die Innenstadt werfen will, kann diesen im modernen und mondänen Einkaufszentrum **Victoria Square** 🔢 (www.victoriasquare.com) finden, die (kostenlose) Aussichtsplattform unter der Kuppel macht es möglich.

### Dann in die Kirche

Die anglikanische **St. Anne's Cathedral** 🔢4 (Donegall St., www.belfastcathedral. org, tagsüber geöffnet) markiert den Nordrand der Innenstadt, Ende des 19. Jh. im neo-romanischen Stil erbaut, beeindruckt sie mit drei Westportalen, Mosaikdecken und dem bescheidenen, aber beeindruckenden Grabmal für Lord Edward Carson (1854–1935), des Architekten der irischen Teilung. Eine moderne Ergänzung des Baus ist der »Spire of Hope«, ein Stahlpfeil, der durch das Glasdach des zentralen Innenraums schwindelerregend in den Himmel ragt.

### … und ins pralle Leben

Das Leben in vollen Zügen genießen kann man am Freitag, Samstag und Sonntag vom frühen Morgen bis zum Nachmittag im **St. George's Market** 🔢2 (12–20 East Bridge St., www.belfastci ty.gov.uk). Zwischen Markthändlern und Einkaufenden spielen sich echte Dramen ab, Preisverhandlungen sind Standard, wenn auch nicht immer erfolgreich. Alles dennoch gesittet und höflich. Hingehen, ansehen, staunen, probieren, Musik hören – das typische Belfast erleben.

### Bildung und Kultur pur

Ganz anderes Leben spielt sich im **Grand Opera House** 🔢9 (2 Great Victoria St., T 028 90 24 19 19, www.goh. co.uk), Belfasts altem und an eine Torte erinnernden Theater. Oper gibt man hier seltener als Stücke der leichten Muse, in der Wintersaison etwa die klassische *Panto*, eine Kombination aus Musical, Comedy und Märchen. Die Kritiken kann man sich anschließend im **Crown Liquor Saloon** 🔢 (46 Great Victoria

Brexit und kein Ende – nach wie vor herrscht relativ viel Unklarheit, was die genauen zukünftigen Reise- und Zollbestimmungen zwischen der EU und dem Vereinigten Königreich angeht, etwa ob eine Visapflicht kommt. Nordirland nimmt dabei noch einen Sonderstatus ein … so dass Reisende sich weiter tagesaktuell informieren müssen.

# BELFAST

## Sehenswert

1. College Street
2. St. George's Market
3. Winetavern Street
4. St. Anne's Cathedral
5. Queen's University
6. Sandy Row
7. City Hall
8. Titanic-Opferdenkmal
9. Grand Opera House
10. Belfast Botanic Gardens
11. Palmenhaus
12. Divis Street
13. Garden of Remembrance
14. Murals (International Wall)
15. Sinn-Fein-Büro
16. Milltown Cemetery
17. Peace Walls
18. Shankill-Distrikt
19. Ulster Museum

## In fremden Betten

1. Belfast International Youth Hostel
2. The Gregory

## Satt & glücklich

1. Ulster Museum Café
2. The Kitchen Bar
3. Castle Court Shopping Centre Food Court
4. Neill's Hill Brasserie
5. Café Arirang

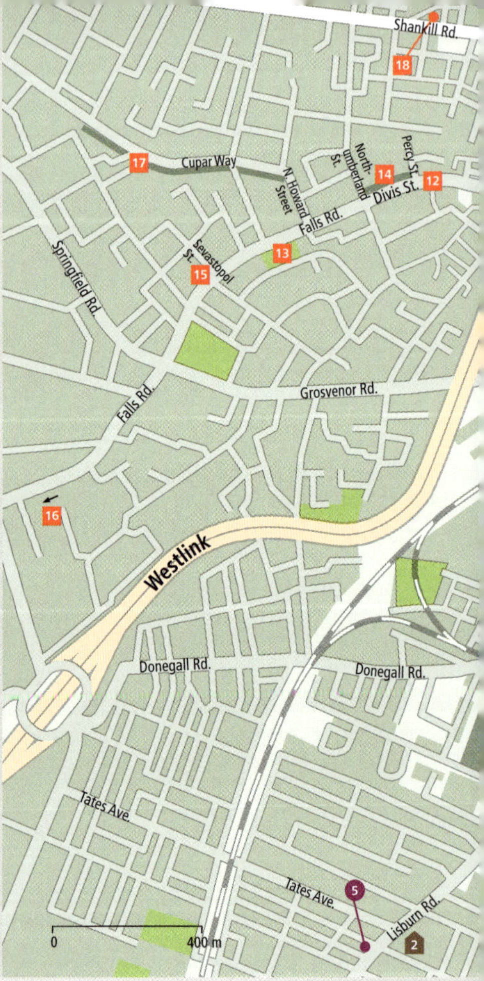

## Stöbern & entdecken

1. Royal Avenue
2. Donegall Place
3. Tesco Metro-Supermarkt
4. Castle Court Shopping Centre
5. Smithfield Market
6. Olde Tyme Favourites
7. Victoria Square

## Wenn die Nacht beginnt

Crown Liquor Saloon

---

St., www.nicholsonspubs.co.uk) anhören. Der üppig ausgestattete viktorianische Pub ist ein Muss in Belfast, das Restaurant im ersten Stock ist ebenfalls einen Besuch wert.
Die **Queen's University** 5 (University Road, www.qub.ac.uk) hat rund 8000 eingeschriebene Studenten, ist aber vor allem wegen der zwischen 1845 und 1894 im Tudor-inspirierten Stil erbauten Hauptgebäude aus rotem Ziegelstein den Besuch wert. Hier und im unmittelbar anschließenden **Belfast Botanic Gardens** 10 (www.belfastcity.gov.uk) kann man herrlich flanieren. Das **Palmenhaus** 11 von 1850 mit seiner

riesigen Kuppel und zahllosen tropischen Pflanzen allein ist wunderschön.

## AN DIE FRONT

### Erinnerungskultur

Wer sein Bild der ›Frontstadt‹ auffrischen will, der ist in **West Belfast,** von der Innenstadt nur durch die Stadtautobahn und zehn Gehminuten getrennt, richtig. Hier wird der Konflikt noch rituell zelebriert. Der Turmbau in der **Divis Street** 12 der republikanische **Garden of Remembrance** 13, politische **Wandmalereien** 14 *(Murals)* in der Divis Street und das **Sinn-Fein-Büro** 15 in der Falls Road, Herzland der Bewegung, zehren nach über 35 Jahren noch von Bobby Sands und anderen ›Märtyrern‹. Inklusive dem **Milltown Cemetery** 16, einem großen und durchweg uninteressanten Friedhof, auf dem nur die Gräber republikanisch-nationalistischer ›Helden‹ Besucher anziehen.

**ÜBRIGENS**

Es heißt, dass Belfast Castle am Ende sei, wenn keine Katzen hier mehr residieren. Also ist der Garten voller Katzenornamente, sicher ist sicher.

### Cromwell und Luther

Jenseits der sogenannten **Peace Walls** **17**, den (an einigen Stellen durchbrochene) Mauern zwischen den Wohngebieten der rivalisierenden Parteien, weht dann nur einen Steinwurf entfernt der britische Union Jack. Hier ist der **Shankill-Distrikt** **18**, Stützpunkt des militanten und nicht immer rationalen Unionismus. Eine hässliche Gegend, in der wiederum hauptsächlich Wandmalereien loyalistische Ikonografie überdimensional demonstrieren. Cromwells Endlösung der katholischen Problematik wird hier immer noch als Option gesehen, und sogar Martin Luther muss dem irischen Volk den Weg weisen.

### Eigentlich alles ruhig

So martialisch dies alles klingt – als Besucher kann man sich hier, neutral gekleidet, durchaus hinwagen. Mittlerweile quasseln einen auch eher gelangweilte Rentner an, als dass man einer Befragung durch besorgte Bürger anheimfällt. An den meisten Tagen im Jahr wirkt West Belfast wie ein Freilichtmuseum, allein um den 12. Juli herum sollte man die Gegend meiden.

### Museumswelten

Das **Ulster Museum** **19** (Botanic Av., T 028 90 38 30 00, www.nmni.com, Di–So und feiertags 10–17 Uhr, Eintritt frei) ist das Nationalmuseum Nordirlands und präsentiert eine eklektische Sammlung von Kunst- und Kulturschätzen unterschiedlichster Themenbereiche. Weltrang? Nein, aber es hilft, die Geschichte Ulsters zu verstehen. Von der Steinzeit über Mittelalter und Armada

bis zum Nordirlandkonflikt selber, alles fachkundig und weitgehend neutral aufbereitet. Mit gutem **Café** **1** im Haus, samt Blick auf den Botanischen Garten.

### AUSSERHALB

### Schloss und Park

**Belfast Castle** (⌂ G 2, Innisfayle Park, T 028 90 77 69 25, www.belfastcastle. co.uk, tgl. 9–18 Uhr) ist ein ein 1870 vom Earl of Shaftesbury errichtetes Dornröschen-Schlösschen, das heute Infos zur Geologie und Geschichte des Naturparks **Cave Hill** (unmittelbar anschließend) sowie Restaurant und Laden bietet.

### Rinder und Lokomotiven

Nordöstlich von Belfast liegt das **Ulster Folk & Transport Museum** (⌂ H 2) (153 Bangor Rd., Cultra, T 028 90 42 84 28, www.nmni.com, Okt.–Feb. Di–Fr 10–16, Sa/So 11–16, März–Sept. Di–So 10–17 Uhr, 11 £ pro Museum, Kombiticket möglich). Als »Cultra Village« zeigt es auf einer riesigen Freifläche ein komplettes Dorf mit Schule, Gericht, Läden, Handwerksbetrieben, satten drei Kirchen, einem Versammlungshaus des Orange Order, abgelegenen Gehöften und Mühlen. Stilsicher gekleidete ›Bewohner‹ erzählen die Geschichte ihres Anwesens. Auf der anderen Seite der Schnellstraße ist das »Transport Museum«, unter anderem mit den größten Lokomotiven, die jemals in Irland eingesetzt wurden, traditionellen ›Zigeunerwagen‹ und sogar Prototypen von Flugzeugen.

### SCHLAFEN UND SCHLEMMEN

 **In fremden Betten**

### Mittendrin

**Belfast International Youth Hostel** **1** Günstig gelegen, ohne große Extras, aber eine sehr gute Unterkunft mit kleinem Café im Haus.

*Belfast Castle – wie aus dem Märchen*

22–32 Donegal Rd., T 028 90 31 54 35, www.hini.org.uk | €–€€ (Bett ab 12 £)

### Flair nahe der Uni
**The Gregory** ❷
Großes Guesthouse mit modernem Komfort in altmodischer Hülle, ruhig mit gutem Frühstück.
30 Eglantine Av., T 028 90 66 34 54, www.warrencollection.com/our-hotels | €€ (um 120 £)

 **Satt & glücklich**

### Pub-Essen
**The Kitchen Bar** ❷
Einladender Pub neben modernem Einkaufszentrum, bietet Tradition mit *Belfast Ham & Cabbage, Irish Stew* und dazu *Real Ale*.
1 Victoria Sq., www.thekitchenbar.com | €€ (um 14 £)

### Budget-freundlich
**Food Court im Castle Court Shopping Centre** ❸
Bunte, wenn auch nicht wirklich atemberaubende Auswahl tagsüber – die **Yangtze Noodle Bar** ist preislich und auch qualitativ wirklich empfehlenswert, wenn man Asia-Küche mag.
Royal Av., www.castlecourt-uk.com | € (ab 5 £)

### Etwas Schicki-Micki
**Neill's Hill Brasserie** ❹
Restaurant mit relaxter Atmosphäre. Gute Mittagsangebote, nachmittags sehr guter Kaffee und frische Pastetchen. Abends empfehlenswert: Schlachterplatte.
229 Upper Newtownards Rd., www.neillshill.com, tgl. ab 10 Uhr | €€ (ab 13 £)

### Mein Stamm-Koreaner
**Café Arirang** ❺
Unter asiatischen Studenten beliebtes, schnörkelloses Minirestaurant … aber feinste koreanische Küche!
32 Botanic Ave., Mo–Sa 10.30–20.30 Uhr | € (ab 8 £)

## INFO'S UND TERMINE

**Belfast Welcome Centre:** 9 Donegall Square North, www.visitbelfast.com. **Feste** gibt es in und um Belfast viele, etwas aus dem Rahmen fallen, vor allem die **Balmoral Show** (www.balmoralshow.co.uk, Mitte Mai), eine Landwirtschaftsausstellung mit Tradition, und das **Belfast Titanic Maritime Festival** (Juni), ein Hafenfest mitten in der Stadt mit Windjammern, Jahrmarkt und internationaler Fressmeile. Außerdem gibt es das herrlich bunte **Belfast Mela** (www.belfastmela.org.uk, Ende August), ein vor allem indisches Fest im Botanischen Garten mit Musik, Tanz und viel gutem Essen. Das **Belfast International Arts Festival** (www.belfastinternationalartsfestival.com, Herbst) ist ein buntes Kulturfestival mit sehr guten Theater- und Konzertangeboten.

## IN DER UMGEBUNG

### Königliches Dorf
**Hillsborough** (G 3) ist mehr ›britisch‹ als irisch – was auch naheliegt, hat man hier doch mit **Hillsborough Castle** (www.hrp.org.uk, 15,25 £) und seinen wunderbaren **Parkanlagen** die offizielle Residenz der englischen Monarchie auf irischem Boden. Die Hauptstraße des Ortes, von der historischen **Markthalle**

# 15

## Das Museum des Untergangs – **Titanic Belfast**

**Der bekannteste Exportartikel ›Made in Belfast‹ erfüllte nur drei von vier Werbeversprechen: groß, schnell und bequem stimmte schon, nur bei unsinkbar haperte es ein wenig. Spätestens seit Leo und Kate zu Célines elegischem Nummer-Eins-Hit kalte Füße bekamen, weiß nun wirklich jeder Mensch, wie es mit der »Titanic« endete. Blubb … »Your heart will go on.«**

Eine wirkliche Geschichtsstunde zum Untergang vom 15. April 1912 bekommen Sie im **Titanic Quarter,** dem früher desolaten Hafenviertel von Belfast. Geschichte mit Niveau und Spaß, aber ohne Disneyfizierung der Katastrophe. Ein irrwitziger Spagat, der fürchterlich hätte schiefgehen können. Aber er gelang: Das Quartier ist heute eine der interessantesten Attraktionen der Stadt.

### Bis hinab auf den Meeresgrund

Aussehen soll der Prachtbau des **Titanic Belfast** 1 übrigens wie die Bugsektionen mehrerer Schiffe – mich erinnert er an einen Eisberg. Ist aber trotzdem ein Bug, besser so.

*F*
**FAMILIÄR**

Von den zwei Schwesterschiffen der **»Titanic«** ging nur das älteste, die **»Olympic«,** in Rente – die **»Britannic«** sank 1916 als Lazarettschiff nach einem Minentreffer im Mittelmeer.

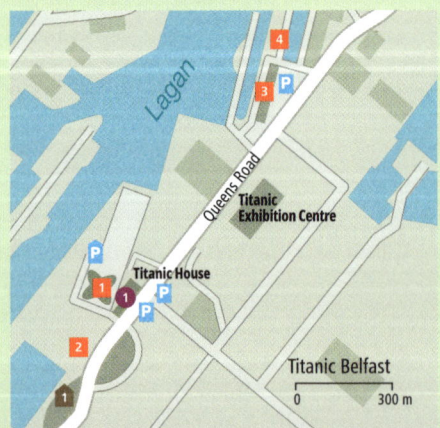

Wie aber macht man den Verlust von mehr als 1500 Menschenleben zu einer Publikumsattraktion? Man setzt ihn nicht in den Mittelpunkt, gibt ihm aber die nötige Gravitas. Dies gelingt mit einem Übergang zum Untergang, der Bauch statt Hirn anspricht. Die Darstellung der Werftgeschichte, der Konstruktion, des Baus und der Ausstattung des Schiffs enden so wie die kurze Ozeankarriere der »Titanic«: abrupt und in Dunkelheit. Dann geht es abwärts, vorbei an einer Wand mit Rettungswesten und Rettungsboot bis auf den Meeresgrund, der unter einem Glasboden simuliert wird. Von dort aus kommen Sie an einer Ausstellung über Tiefseetauchen und die Entdeckung des Wracks vorbei wieder ans Tageslicht.

›Titanica‹ vor Belfasts abenteuerlichster Fassade

## Titanic-Feeling

Wenn Sie dann noch das echte ›Wind um die Ohren und am Bug fliegen‹-Feeling suchen: Neben der Ausstellung sind im Freigelände auf den ehemaligen Slipanlagen die Umrisse von »Olympic« und »Titanic« markiert. Das lässt erahnen, welche Giganten die Schiffe gewesen sein müssen.

---

**INFOS**

**Titanic Belfast** **1**: T 028 90 76 63 86, www.titanicbelfast.com, 1 Olympic Way, Queen's Rd., April–Mai und Sept. 9–18, Juni–Aug. 9–19, Okt.–März 10–17 Uhr, 21,50 £

---

**UNTERKUNFT FÜR BILLIGHEIMER**

Gut, günstig gelegen und preislich attraktiv ist das benachbarte **Premier Inn Belfast Titanic Quarter** **1** (2a Queen's Rd., T 028 90 73 58 00, www.premierinn.com, DZ ab 40 £) – gewiss, ein Kettenhotel, aber bequem und zu Fuß von der Innenstadt nur zehn Minuten.

---

**KULINARISCHES FÜR ZWISCHENDURCH**

Im Foyer des **Titanic Belfast** befinden sich das Restaurant **The Pantry** **1** und

das (günstigere) **Galley Café.** Beide empfehlenswert | €€ (Imbiss ca. 10 £, Mittagessen ca. 12 £).

---

**MEHR MEERES-GESCHICHTE**

In der Nähe befinden sich noch zwei weitere maritime Denkmäler. Gegenüber dem Eingang liegt die **SS Nomadic** **2** im Trockendock. Der ehemalige Tender der Titanic ist heute für Besucher offen (tgl. 10–mind. 17 Uhr, im Eintritt zu Titanic Belfast inbegriffen).
Nur ein Stück in Richtung Meer ist die **HMS Caroline** **3** festgemacht, das letzte Schiff der Skagerrakschlacht von 1916 (tgl. 10–18 Uhr, www.nmrn.org.uk, 12 £).
Das **Titanic's Dock & Pump-House** **4** ist das Dock, in dem das Riesenschiff einst erbaut wurde.

---

**Faltplan:** G–H 2 | Cityplan S. 100 | High-Tech-Museum, ca. 2 Std.

*Ruhe finden … im Silent Valley*

bis zur anglikanischen Kirche **St. Mala-chy** (tagsüber geöffnet) ist ebenfalls einen gemütlichen Spaziergang wert.

### Auf der Halbinsel Ards Peninsula

Auf der **Ards Peninsula** (📖 H 2–3) südöstlich von Newtownards gibt es viel zu sehen. Etwa das **Mount Stewart House** mit seinen herrlichen Gärten (Portaferry Rd., Newtownards, T 028 42 78 83 87, www.nationaltrust.org. uk, Lakeside Gardens tgl. 10–18, Gärten und Haus 12. März–30. Okt. tgl. 10–18, Tempel der Winde 13. März–30. Okt. So 14–17 Uhr, 11 £). Das Herrenhaus aus dem 18. Jh. ist eines der schönsten in Irland und wegen seiner Kunstsammlung bekannt. Interessant.
Der 1780 erbaute Temple of the Winds, ein achteckiger Bankettsaal beitet Aussicht auf den **Strangford Lough,** einem Naturparadies mit in Europa fast einmaligem Artenreichtum: Wasservögel und (im Winter) Gänse, Robben, gelegentlich sogar verirrte Wale und Haie (www. strangfordlough.org).

### ⌂ Günstige Basis
**Premier Inn Bangor**
Sauberes, modernes Hotel am Schlosspark, in Laufweite zu Innenstadt und Hafen.
Castle Avenue, Bangor, www.premierinn.com (suche: Bangor + Ireland) | €–€€ (DZ um 75 £)

### ⌂ Lecker traditionell
**Portaferry Hotel**
Empfehlenswertes Hotelrestaurant, serviert traditionell irisch-britische Küche gut und immer frisch.
The Strand, Portaferry (📖 H 3), T 028 42 72 82 31, www.portaferryhotel.com | Hotel €€, Restaurant €€ (ab 14 £)

# Downpatrick 📖 H 3

**Downpatrick und das nahegelegene Saul bilden sozusagen das Alpha und Omega des Mythos um St. Patrick. In Downpatrick kam er 432 zur ewigen Ruhe, ein Ochsengespann soll den Ort zur Grabstätte erkoren haben.**

### Erinnerungen an den Heiligen
Neben der (eher kleinen) **Kathedrale** findet man dann auch einen großen Stein mit dem Namen Patrick, der allerdings erst in neuerer Zeit eingemeißelt wurde. Unterhalb von Kathedrale und Grabstätte wurde das moderne **St. Patrick Centre** (53a Lower Market St., T 028 44 61 90 00, www.saintpatrickcentre. com, Mo–Sa 9–17, im Sommer auch So 9–17 Uhr, Eintritt 5,75 £) errichtet, ein Informations- und Besucherzentrum für Pilger und Touristen. Erstere werden die wirklich tiefgehenden und multimedial

attraktiv präsentierten Informationen zum Heiligen schätzen, Letztere vielleicht mehr den gut gemachten Film im IMAX-Kino des Centres.

### Mission possible

Bei **Saul** (🗺 H 3) soll der Heilige seine erste Kirche errichtet und so seine Irlandmission begonnen haben. Die 1932 errichtete, sehr bescheidene **Kirche** der Church of Ireland erinnert daran, komplett mit einem Rundturm-Imitat.

### 🍴 Modern
**Murphy‹s Bar & Restaurant**
Gute Cocktails und kompetent zubereitete Speisen, in modernem Ambiente.
78 Market St., Downpatrick, T 028 44 61 64 76, www.murphysbarandrestaurant.com, tgl 11.30–21 Uhr | €€ (um 16 £)

········································

## IN DER UMGEBUNG

········································

### Newcastle und die Parks
Für eine längere Erkundung der Mourne Mountains bietet sich **Newcastle** (🗺 H 3) als Basis an. Ein kleiner Badeort mit leicht modernisiertem viktorianischem Charme, einer langen Promenade und einem 5 km langen Strand. In der Nähe liegen zwei wunderbare Parklandschaften: der **Tollymore Forest Park,** in dem zahlreiche Wanderwege das Flusstal des Shimna durchziehen, und der **Castlewellan Forest Park,** in dem unter anderem ein riesiges Labyrinth die Besucher in die Irre führt. Interessantestes Bauwerk hier ist die **Einsiedelei,** eine künstliche Höhle.

### 🍴 Einfach gut
**Shimna Café**
Freundliches Restaurant mit ›gutbürgerlicher‹ Speisekarte und gewaltigem Frühstück (den ganzen Tag über).
2 Main St., 10–18 Uhr | €–€€ (ab 10 £)

### The Mountains of Mourne
Einer der landschaftlichen Höhepunkte im Norden sind die **Mourne Mountains** (🗺 G–H 3–4), direkt am Meer gelegen und viel besungen, teilweise Inspiration für die Narnia-Geschichten des C. S. Lewis. Auf den ersten Blick oft eher sanfte Hügel, die jedoch mit bis zu 850 m Höhe **(Slieve Donard** ist der höchste Berg in Ulster) durchaus eine Herausforderung für Bergwanderer sind. Das **Silent Valley** (www.niwater. com, tgl. 10–mind.16 Uhr, Einfahrt mit PKW 5 £) mittendrin ist auch ohne Bergerfahrung machbar – unterhalb einer Staumauer liegt ein kleines Naherholungsgebiet mit eingeschränktem Angebot, direkt an der Mauer beginnt ein asphaltierter Weg entlang des Sees, gemächlich in die (wirklich stille) Bergwelt führend. Recht beeindruckend (und für Erstbesucher überraschend) führt der Weg in langer Kurve zu einer zweiten, höheren Staumauer.

### 🍴 Unschlagbar
**The Galley**
Café mit den vielleicht besten *Fish'n'Chips* in Nordirland, großzügige Portionen zu vernünftigen Preisen.
43 Kilkeel Rd., Annalong (🗺 H 4), T 028 43 76 72 53, www.thegalleyannalong.co.uk, Mo–Sa 9–21 Uhr | €–€€ (ab 11 £)

### Auf Bergtour an der Grenze
Der **Slieve Gullion Forest Park** (🗺 G 4) (www.ringofgullion,org, tgl. von 8 Uhr bis Sonnenuntergang, frei) etwa 8 km südwestlich von Newry ist mit zahlreichen Sagen verbunden, letztlich aber vor allem landschaftlich sehr schön. Viele Wanderwege ziehen sich durch das Gelände, man kann den Park aber auch bei einer Rundtour im Auto genießen.

**Ü**
**ÜBRIGENS**

»The Mountains of Mourne« ist die wohl bekannteste Schnulze des irischen Heimatdichters Percy French. Er gab an nahezu jedem besuchten Ort dem Drang nach, ein Lied mit Lokalbezug zu schreiben.

# Hin & weg

ANREISE

Nach Irland zu kommen, ist heute einfacher (und meist auch billiger) denn je – es klappt mit dem Flugzeug, der Bahn, dem Bus oder dem eigenen Auto. Wobei insgesamt gesehen der Luftweg vor allem wegen der Zeitersparnis die beste Option ist. Auch preislich kann die Flugzeug-Leihwagen-Kombi wesentlich billiger werden als die Anreise mit dem eigenen Fahrzeug und der Fähre.

**Mit dem Flugzeug** können Sie Direktflüge aus Deutschland, Österreich oder der Schweiz zu den hier aufgeführten Flughäfen nutzen (teilweise saisonal, alle Flughäfen haben Leihwagenstationen):

**Belfast International** – Gut geeignet für Rundreisen im Norden Irlands. Der Flughafen liegt weit außerhalb Belfasts am Lough Neagh. Die Buslinie Airport Express 300 fährt rund um die Uhr ins Stadtzentrum Belfasts, der Airporter-Bus fährt regelmäßig nach Derry. T 028 94 48 48 48, www.belfastairport.com.

**Cork** – Gut geeignet für Rundreisen im Süden und Südwesten Irlands. Der Airport liegt etwa 8 km südwestlich von Cork. Es besteht ein regelmäßiger Busservice nach Cork, ein Taxi in die Stadt kostet 20 €. T 021 431 31 31, www.corkairport.com.

Aktuelle Informationen bezüglich des Coronavirus und die damit einhergehenden Reisebestimmungen und weiteren Vorschriften im Land finden Sie unter www.gov.ie bzw. für Nordirland www.nidirect.gov.uk.

**Dublin** – Der größte Flughafen Irlands liegt etwa 15 km nördlich vom Stadtzentrum. In die Stadt kommen Sie ausschließlich mit dem Bus (Linie 747 oder Aircoach) oder dem Taxi. Fahrt ins Stadtzentrum ca. 30 €. T 01 814 11 11, www.dublinairport.com.

**Kerry** – Gut geeignet für Rundreisen im Südwesten Irlands. Der Mini-Flughafen liegt etwa 20 km von Killarney entfernt in Farranfore. Busse fahren mehrmals täglich nach Tralee, Killarney und Limerick. Taxi nach Killarney etwa 30 €. T 066 97 46 44, www.kerryairport.ie.

**Shannon** – Geeignet für Rundreisen im Südwesten und Westen Irlands. Der Airport liegt rund 25 km von Limerick und Ennis entfernt im Nirgendwo. Busverbindungen nach Ennis, Limerick und in andere Städte. Ein Taxi in beide Orte kostet etwa 40 €. T 061 71 20 00, www.shannonairport.ie.

**Mit dem eigenen Auto** sind Sie in Irland mobil, müssen aber mit langen Fahrzeiten und mindestens einer Fährpassage rechnen. Ich schaffte es mal von Hamburg nach Irland in weniger als 24 Stunden – nicht empfehlenswert.

**Direkte Fährverbindungen nach Irland** bestehen ab Frankreich ab den Orten **Roscoff** und **Cherbourg,** (hier muss man aber mit einer langen Anfahrt rechnen).

**Fähren nach England** verkehren u. a. ab Esbjerg (Dänemark), Cuxhaven, Hoek bzw. Rotterdam (Holland), Dünkirchen oder Calais (Frankreich). Eine Alternative ist der **Eurotunnel** (www.eurotunnel.com) von Calais nach Folkestone. **Britische Fährhäfen nach Irland** sind Pembroke, Fishguard, Holyhead, Liverpool, Fleetwod, Birkenhead, Cairnryan und Troon. Die jeweiligen **Zielhäfen in Irland** sind Cork, Rosslare, Dublin, Belfast und Larne.

**Mit der Bahn** verläuft die Anreise etwa wie mit dem Auto, kostet aber noch mehr Zeit. Auf die Webseite der Deutschen Bahn (www.bahn.de) wird die Fahrt nach London für um 200 € angeboten. Die Weiterfahrt kann über www.rail.co.uk gebucht werden; nach Holyhead beträgt der Fahrpreis etwa 100 €, die Fähre nach Dublin kostet noch einmal 40 €.

**Mit dem Bus** ist die Anreise lang und nicht sehr bequem. Eine Fahrt von Köln nach London ist im Verbund von Eurolines (www.eurolines.com) schon für etwa 80 € zu haben, weiter nach Holyhead und dann die Fähre addieren mindestens 110 € dazu.

## GELD

In der Republik Irland ist der **Euro** Landeswährung, in Nordirland das **Pfund Sterling.** Im Grenzverkehr ist das wenig problematisch: meistens akzeptieren Läden im Grenzgebiet die jeweils andere Währung. Allerdings zu einem eigenen, willkürlich festgesetzten Wechselkurs. Wechselgeld gibt es jeweils nur in der Landeswährung. Parkscheinautomaten und ähnliche Geräte akzeptieren in der Regel nur Landeswährung.

### Bargeld
Wenn Sie sich in Nordirland Pfund Sterling besorgen: Die nordirischen Banken (Bank of Ireland, Danske Bank, First Trust Bank und Ulster Bank) geben eigene Banknoten heraus. Daneben können noch schottische Banknoten und natürlich die der Bank of England im Umlauf sein. Beim Rücktausch in der Heimat kann man mit allen regionalen Banknoten Probleme bekommen, oft werden nur Scheine der Bank of England akzeptiert.
Zur Bargeldbeschaffung gibt es in ganz Irland **Bankautomaten,** entweder an den Banken, oder auch in vielen Tankstellen, Supermärkten und Einkaufszentren – einfach nach einem Schild ›ATM‹ (*Automated Teller Machine*) Ausschau halten.

**Kreditkarten** sind in ganz Irland mittlerweile Alltagszahlungsmittel, werden jedoch bei Einkäufen unter 10 oder 20 € in kleinen Geschäften oft abgelehnt. Gerade in Nordirland werden Kreditkarten ohne Chip und PIN oft gar nicht akzeptiert.

## INFORMATIONSQUELLEN

**Irland-Information**
Gutleutstr. 32
60329 Frankfurt/Main
T 069 66 80 09 50
(für alle deutschsprachigen Länder)

**Offizielle Webseite der irischen Tourismusbehörde:** www.ireland.com/de-de (auf Deutsch, auch Nordirland eingeschlossen).
In allen größeren Städten gibt es Informationszentren für Touristen, diese sind mit dem internationalen i-Symbol gekennzeichnet – nicht alle sind jedoch offizielle Einrichtungen, teilweise werden vor allem Eigenprodukte (z. B. Stadtrundfahrten) angepriesen. Der Grat zwischen ›informieren‹ und ›aufschwatzen‹ ist dann oft sehr schmal. Auch an den Flughäfen sind im Ankunftsbereich Informationsbüros zu finden.

## KLIMA UND REISEZEIT

**Irlands Klima kann man grob mit ›moderat und wechselhaft‹ umschreiben** – die Temperaturen schwanken zwischen etwas über dem Gefrierpunkt im Winter und kaum über 20 Grad im Sommer, mit Niederschlag ist eigentlich immer zu rechnen, der wird aber in der Regel bald von Sonnenschein abgelöst. Es ist ein ewiges Hin und Her, meist ohne Extreme. Zu jeder Jahreszeit sollten eine regenfeste Jacke (ein Schirm wird nur weggeweht), ein warmer Pullover und festes Schuhwerk zur Grundausstattung gehören.
**Tourismussaison** ist in Irland von etwa Mitte März bis maximal Ende Oktober.

Außerhalb der Saison müssen Sie mit kurzen Öffnungszeiten und vielen geschlossenen Unterkünften rechnen. Hauptreisezeit (und Ferienzeit) ist von Juni bis August. Vor allem Mai und September werden Sie aber noch mit gutem Wetter, oft verbilligten Unterkünften und viel Freiraum begeistern.

### Diese drei Tage sollten Sie sich im Kalender rot markieren:

**17. März** – *St. Patrick's Day*, Flüge und Unterkünfte können sehr teuer sein und die Städte sind sehr voll.

**12. Juli** – Märsche des *Orange Order* in Nordirland, mittlerweile eine weitgehend friedliche Angelegenheit, aber immer noch ein Verkehrschaos.

**Weihnachten** – am **25. Dez.** ist Irland komplett dicht. Nichts geht mehr, auch kein Bus und keine Bahn.

### REISEN MIT HANDICAP

Irland ist für Reisende mit Handicaps recht gut machbar, einige Sehenswürdigkeiten sind jedoch für Personen mit eingeschränkter Mobilität schwer oder gar nicht zu bewältigen. Informationen dazu gibt es meist auf den jeweiligen Webseiten. Sehr gut für die Reiseplanung, wenn auch nur auf Englisch verfügbar, ist die Seite **www.acces sibleireland.com.**

### SICHERHEIT UND NOTFÄLLE

Im **Notfall** reicht eine Nummer, die von jedem Handy oder Festnetztelefon kostenlos erreichbar ist: die 112. Diese verbindet mit der Notrufzentrale, die dann je nach Art des Notfalls an Polizei, Feuerwehr, Rettungsdienst oder Küstenwache weitervermittelt.
Wer eine **leichte Krankheit** bekommt, kann sich in der Republik mit der Europäischen Krankenversicherungskarte (EKVK) oder gegen Bargeld (Konsultation ca. 60 €) bei einem Arzt behandeln lassen – am besten die nächstgelegene Praxis in der Unterkunft erfragen. Die Notaufnahme der Krankenhäuser *(Accident and Emergency)* ist nur im echten Notfall zu empfehlen. Wartezeiten sind oft extrem.
Reisende, die Opfer eines Verbrechens geworden sind, können sich zur Nachsorge auch an den **Irish Tourist Assistance Service** (www.itas.ie) unter T 01 666 93 54 wenden.

### Verhütungsmittel

Entgegen oft kolportiertem Vorurteil sind in ganz Irland Verhütungsmittel ohne Probleme erhältlich. Die Verwendung von Kondomen ist vor allem durch das häufige Auftreten von sexuell übertragbaren Krankheiten in Irland unbedingt ratsam.
Die ›Pille danach‹ kann im Notfall in nahezu jeder Apotheke problemlos (nach einem kurzen Beratungsgespräch) erworben werden.

### No-Go-Gebiete

Ausgewiesene ›No-Go-Areas‹ gibt es in Irland eigentlich nicht mehr, in großen Städten kann der rasche Wechsel in der vorherrschenden sozialen und wirtschaftlichen Struktur von Stadtteilen den planlosen Reisenden aber schnell in weniger sympathische Gegenden führen. Vermeiden sollten Sie in den späten Abend- und Nachtstunden größere Ansammlungen vor schließenden Pubs, Bars oder Diskotheken. In Nordirland sollte man immer aufpassen, dass demonstrative ›Stammeszugehörigkeit‹ schnell problematisch werden kann – mit einem *Celtic-Glasgow*-Jersey durch die Shankill Road zu laufen ist zum Beispiel keine gute Idee.

### Diplomatische Vertretungen in Irland

**Deutschland:** 31 Trimleston Avenue, Booterstown, County Dublin, www.dublin.diplo.de, T 01 277 61 00.
**Österreich:** 6 Ailesbury Rd., Ballsbridge, Dublin 4, www.bmeia.gv.at/oeb-dublin/, T 01 269 45 77.
**Schweiz:** 6 Ailesbury Rd., Ballsbridge, Dublin 4, www.eda.admin.ch/countries/ireland/de/home.html, T 01 218 63 82.

## SPORT & AKTIVITÄTEN

Sport in Irland ist für die Massen meistens eher eine Sache des Zuschauens – wobei sich der Gang zu einem Spiel der Gaelic Games, etwa **Football** oder **Hurling,** durchaus lohnen kann. Selbst wenn Sie keine Ahnung von den Regeln haben: die Atmosphäre macht's. Wenn Sie selbst aktiv sein wollen, bieten sich vor allem drei Sportarten an: Wandern, Reiten und Surfen.

### Wandern

Wanderrouten sind nahezu überall in Irland ausgeschildert und meistens sehr angenehm zu laufen (auch wenn einige Fernwanderwege sehr häufig Straßen nutzen). Eine professionelle Führung benötigen Sie für die zahlreichen Kurztouren nicht. Ich empfehle Ihnen jedoch immer gutes Kartenmaterial und eine angemessene Ausrüstung – ein Wetterwechsel kann immer kommen. Die besten Webseiten für Informationen sind www.mountaineering.ie, www.outdoorrecreationni.com, www.irishtrails.ie und www.ufrc-online.co.uk.

### Reiten

Zahlreiche Höfe oder Reitställe bieten in ganz Irland **geführte Ausritte** am Strand oder durch die Landschaft an. Wenn Sie reiten möchten, sollten Sie auf jeden Fall vorher die Modalitäten und Kosten in Erfahrung bringen und sich auch über die Route erkundigen. Eine gute Übersicht bietet www.ireland.com/en-gb/magazine/equestrian/equestrian-info/.

### Surfen

Surfen kann man quasi an der gesamten Atlantikküste, vor allem in den Counties Sligo und Donegal mit atemberaubenden Wellen. Dabei ist jedoch Wärmeschutz unerlässlich (Hawaii ist so weit weg), und Sie sollten unbedingt die Gefahrenstellen vor Ort erfragen. Die besten Informationen zum Surfen in Irland bietet die **Irish Surfing Association** unter www.irishsurfing.ie.
Wenn Sie ein wirklich rasantes Abenteuer suchen, sollten Sie mal **Kitesurfen** probieren, unter anderem etwa bei **Kitesurf Ireland** (www.kitesurfireland.ie) oder **Pure Magic** (www.puremagic.ie).

*Schafe meinen immer, Vorfahrt zu haben.*

## ÜBERNACHTEN

Das gute alte **B&B** (Bed & Breakfast), quasi mitsamt Familienanschluss, finden Sie nur noch selten – die meisten sind nun professionelle Beherbergungsbetriebe, teilweise mit hotelähnlichem Flair. **Airbnb** (www.airbnb.com) ist nicht ratsam, denn die Plattform trägt zur eklatanten Wohnraumnot in den Städten bei und wird gern von Betrügern genutzt. **Kettenhotels** sind meist recht unpersönlich, sind jedoch in Städten oft eine zentrale, günstige Alternative. Preislich attraktiv sind **Maldron Hotels** (www.maldronhotels.com), **Premier Inn** (www.premierinn.com) und **Travelodge** (www.travelodge.ie).

### ÜBERNACHTUNGSPREISE

€     bis 90 Euro
€€    90 bis 170 Euro
€€€   über 170 Euro
Preise für eine Übernachtung für 2 Pers.; saisonaler Durchschnitt. Preise für Hauptsaison sind in der Regel 40 % höher als in der Nebensaison.

In der Hochsaison und in größeren Städten sollten Sie vorab buchen, sonst kann es eine lange, teure Suche werden. Vom Luxushotel bis zum ländlichen Familien-B&B finden Sie viele Unterkünfte auf **www.booking.com**. Aber auch die örtlichen *Tourist Informations* nehmen meist gegen eine kleine Gebühr Buchungen vor.
Wenn Sie wirklich exklusiv nächtigen wollen, sollten Sie einen Blick auf **www.hiddenireland.com** werfen – diese Vereinigung sehr hochwertiger B&Bs bietet Luxus in Kombination mit historischem Ambiente – aber das nun wirklich nicht zum Schnäppchenpreis. Ein ganzes **Cottage** zu mieten lohnt sich nur, wenn Sie den Urlaub tatsächlich an einem Ort verbringen wollen: Die Mindestmietzeit beträgt in der Regel eine Woche.

## VERKEHRSMITTEL

### Mietwagen
Irland ist ein Autoreiseland, daher gibt es viele Mietwagenfirmen, vor allem an den Flughäfen. Unbedingt empfehlenswert: Das Auto vorher reservieren – die besten Konditionen findet man über Vergleichsportale. Eine Vollkaskoversicherung ist unverzichtbar, am besten inkl. Rückerstattung des Selbstbehalts und mit Absicherung von Schäden an Reifen und Unterboden. Autoverleiher verlangen in der Regel ein Mindestalter von 23 bis 26 Jahren – und ab 70 Jahren kann es schwierig werden, ein Auto zu bekommen. Mietwagen sind gegenüber 2019 um rund 500 % im Preis gestiegen.

### Autofahren in Irland
Entfernungsangaben und **Geschwindigkeitsgrenzen** sind in der Republik in Kilometern, in Nordirland in Meilen ausgeschildert. Merken: maximal in Ortschaften 50 km/h, auf Landstraßen 80 km/h, auf Schnellstraßen 100 km/h, auf Autobahnen 120 km/h. Anschnallpflicht besteht für alle Fahrzeuginsassen, geeignete Kindersitze sind vorgeschrieben. Das Halten eines Handys beim Fahren ist untersagt (auch wenn es nicht benutzt wird). Die Promillegrenze für Blutalkohol liegt bei 0,5 in der Republik, 0,8 in Nordirland.
In der Republik gibt es elf mautpflichtige Strecken oder Brücken. Diese sind jeweils vor der letzten kostenfreien Ausfahrt angekündigt, etwa einen Kilometer davor stehen Schilder mit den aktuellen Preisen. Bezahlt werden kann (außer auf der M50) mit Bargeld oder Kreditkarte. Haben Sie stets etwa fünf Euro in Münzgeld griffbereit im Auto, das reicht für zwei oder drei Mautstellen.

### Dublin umfahren
Die **M50** um Dublin herum führt zu den Fernstraßen, der Flughafen hat direkten Anschluss. So vereinfacht die Benutzung des Rings die Weiterfahrt enorm. Die Ausfahrten *(exits)* sind mit den Fernzie-

len, Himmelsrichtungen und Nummern ausgeschildert. Unbedingt zu vermeiden ist der **Dublin Port Tunnel**, der für Lastwagen gedacht ist – eine Durchfahrt mit dem PKW kostet schnell 10 €.
An der Mautstelle auf der **Liffeybrücke der M50** um Dublin werden die Kennzeichen registriert, eine Zahlung per Telefon, Internet oder in einem Laden mit Payzone-Service wird bis 20 Uhr am nächsten Tag erwartet. Infos unter www.eflow.ie.

### Parken und Taxis

In allen größeren Städten muss man im Innenstadtbereich zum Teil horrende Parkgebühren zahlen, Zuwiderhandlungen werden gern mit einer Radkralle oder sogar Abschleppen geahndet – auch bei Fahrzeugen mit ausländischem Kennzeichen. **Parkhäuser** sind oft die beste Lösung, sicherer und auf Dauer günstiger (Tagestarif) als die Bordsteinkante. In Dublin und Belfast sollte man komplett aufs Auto verzichten.
Eine Alternative sind **Taxis**, die an Halteplätzen auf Kunden warten, die Sie am Straßenrand herbeiwinken, telefonisch oder mit der **App Free Now** (www.free-now.com) bestellen können. Zwischen der Pub-Sperrstunde und den Schließzeiten der Clubs, also etwa von Mitternacht bis 4 Uhr, bekommen Sie jedoch nur schwer ein Taxi.

## UMWELTFREUNDLICH UNTERWEGS

**Mit der Bahn:** Wer seit Jahren in Irland nicht mehr mit der Bahn gefahren ist, wird erstaunt sein. Das Bahnnetz ist zwar nach wie vor recht dünn, denn fast alle Verbindungen sind nach Dublin ausgerichtet. Die Züge selbst aber wurden modernisiert und sind heute nur noch zu Stoßzeiten überfüllt. Ideal ist die Bahn. um (vor allem städtische) Highlights zu erreichen. Infos unter www.irishrail.ie und www.translink.co.uk.
**Mit dem Bus:** Das irische Busnetz ist theoretisch engmaschig, praktisch werden aber nur die größeren Orte häufig und regelmäßig verbunden. Der Fahrplan ist einheimischen Bedürfnissen angepasst (Pendler, Schüler), nicht dem Tourismus. Mit häufigem Umsteigen und längeren Wartezeiten müssen Sie rechnen. Örtliche Privatfirmen ergänzen das Angebot, sind aber auch meist auf Pendler ausgerichtet. Infos unter www.transportforireland.ie und www.translink.co.uk.
**Mit dem Fahrrad:** Zum Radfahren muss man in allen irischen Städten schon einige Risikobereitschaft mitbringen. Leihfahrräder gibt es in Dublin (T 18 50 77 70 70 bzw. 014 24 76 05, www.dublinbikes.ie; die ersten 30 Min. sind kostenlos), Belfast (www.belfastbikes.co.uk; 30 Min. kostenlos, Pay as you go 1 £/30 Min., 3-Tages-Pass 6 £, Jahresabo 25 £) sowie in Cork, Galway und Limerick (alle: www.bikeshare.ie, 30 Min. kostenlos, 3-Tages-Pass 3 € (nur online erhältlich, Pfand 150 €), Jahresabo 10 €).

**Mit dem öffentlichen Nahverkehr:** Eigentlich gibt es nur in den größeren Städten **Stadtbusse;** mit Dublin und Belfast an der Spitze in Sachen Abdeckung und Frequenz – in Cork, Limerick, Galway und Derry sind Sie zu Fuß meist besser dran, wenn Ihre Unterkunft nicht in einem Außenbezirk liegt.
Eine **Straßenbahn** gibt es nur in Dublin (LUAS, www.luas.ie). Grundsätzlich sind die Innenstadtbereiche aller irischen Städte auch ohne öffentliche Verkehrsmittel gut zu bewältigen: Es ist eben alles recht überschaubar.

**LINKSRUM**

In ganz Irland herrscht Linksverkehr, an den Sie sich aber relativ schnell gewöhnen. Große Kreuzungen sind oft als Kreisverkehr *(roundabout)* angelegt, teilweise mit Ampelschaltung. Achtung: Im Kreisel kommen die Fahrzeuge von rechts und haben Vorfahrt!

# O-Ton Irland

**Céad Mille Failte!**

*Hunderttausend Willkommen!*

*Ah, sure, it'll be grand!*

wörtl. ›Ah, sicher, das wird toll!‹
*Wird schon gutgehen!*

# WHAT'S THE CRAIC?

wörtl. ›Was gibt's zu erzählen?‹
*Was gibt's Neues?*

*Sláinte!*

›Gesundheit‹
*Prost!*

**Go n-ithe an cat thú is go n-ithe an diabhal an cat!**

wörtl. ›Möge Dich eine Katze fressen und dann der Teufel die Katze verspeisen!‹
*Fahr zur Hölle!*

# HARRARJA?

gemeint ist »How are you?«, also in etwa »Hallo!«

# THE DAY, THE MORRA

in Ulster-Scots:
heute, morgen

*I'm just after doing the messages ...*

**Toerag**

*Ich komme gerade vom Einkaufen ...*

wörtl. ›Fußwickel‹
*Unangenehmer Zeitgenosse*

# THE JACKS

*Ah, well, I would not start from here ...*

*Die Toilette*

Klassischer Beginn einer irischen Wegbeschreibung:
*Also, von hier würde ich nicht losfahren ...*

# Register

### Das Klima im Blick

Reisen bereichert und verbindet Menschen und Kulturen. Wer reist, erzeugt auch $CO_2$. Der Flugverkehr trägt mit bis zu 10 % zur globalen Erwärmung bei. Wer das Klima schützen will, sollte sich – wenn möglich – für eine schonendere Reiseform entscheiden oder die Projekte von atmosfair unterstützen. Flugpassagiere spenden einen kilometerabhängigen Beitrag für die von ihnen verursachten Emissionen und finanzieren damit Projekte in Entwicklungsländern, die dort den Ausstoß von Klimagasen verringern helfen (www.atmosfair.de). Auch die Mitarbeiter des DuMont Reiseverlags fliegen mit atmosfair!